# 특수범죄론

김우준 저

도서출판 진 영 사

# 특수범죄론

김우준 저

2014년 2월 18일 초판인쇄
2014년 2월 20일 발 행
발행인 박 진 영
발행처 도서출판 진영사
인천광역시 부평구 갈산동 16-22번지
전화 : 032)505-4207
팩스 : 032)505-4206
E-mail : 0183734207@hanmail.net
등록 : 122-91-77317

ISBN 978-89-6541-155-0 93350
값 15,000원

# 머 리 말

현대사회의 급속한 변화 및 각종 병리적 현상의 증가와 더불어서 특수한 유형이나 특수한 주체들에 의해 범해지는 범죄들의 문제가 이슈가 되고 있다.

이 책에서 특수범죄에 해당하는 것으로 보아 편찬에 포함한 기준은 다음과 같다.

일반적으로 새롭게 등장한 범죄로 인식되고 있고 그래서 시사성이 있는 범죄들을 담았다. 환경범죄 등이 이에 해당된다.

과거에도 존재했지만 조명이 부족했었던 범죄들도 포함하였다. 학교폭력 등의 문제는 끊임없이 문제가 제기되었지만 근절을 위한 조명이나 노력이 부족했으며, 최근 더욱 이슈화되고 있으므로 편찬에 포함하였다.

범죄의 가해자나 피해자에 대하여 무지했거나 관심이 사회적으로 관심이 부족했던 범죄들도 다루었다. 특수한 가해자가 문제되는 기업범죄, 특수한 피해자에 대한 관심이 필요한 가정폭력범죄 등을 다루었다. 또 소위 '피해자 없는 범죄'에 대한 논의도 실었다.

미래에 더 큰 위협이 될 것으로 예상되는 범죄들도 살펴보았는데, 노인범죄, 매스미디어 범죄 등이 이에 해당된다.

사례는 적지만 피해의 규모나 위험이 큰 범죄 유형도 포함하였다. 조직범죄나 마약류범죄와 목차 하에 개관해 보았다.

또, 유형적 피해 규모를 떠나서 사회적 파장이나 국민적 관심·충격이 큰 범죄들도 포함하였는데, 공무원범죄, 정치범죄 등이 해당된다.

이 책은 이러한 특수한 범죄들의 실제에 대하여 소개하고 이를 감퇴하는 데에 작은 도움이라도 되었으면 하는 바람에서 집필된 것이다. 경찰학이나 범죄학 등 관련 분야의 교육 교재로서 활용되는 데에서 나아가, 경찰학이나 범죄학 등을 전공하는 대학생이나 대학원생, 국가기관 종사자들, 일반인들이 현대사회의 각종 특수한 범죄 현상과 원인을 학습하고 관련된 지식을 함양하는 데에 기여할 수 있었으면 한다.

이 책의 분량은 많지 않지만, 현대사회의 특수한 범죄들에 대한 주요한 내용들을 망라하여 담고자 노력하였다. 제1편과 제2편으로 크게 구분하여 편찬하였는데, 제1편에서는 '특수한 유형의 범죄'로서 학교폭력범죄(제1장), 가정폭력범죄(제2장), 조직범죄(제3장), 마약류 범죄(제4장), 피해자 없는 범죄(Victimless Crime)의 논의(제5장), 환경범죄(제6장), 암수범죄의 논의(제7장)를 살펴보았다. 제2편에서는 '특수한 대상에 의한 범죄'로서 소년범죄(제8장), 노인범죄(제9장), 여성범죄(제10장), 화이트칼라범죄로서의 공무원 범죄(제11장), 정치범죄(제12장), 기업범죄(제13장), 매스미디어 범죄(제14장)를 고찰하였다.

집필을 마치고 보니 너무나 부족한 점이 많다. 이 책을 접할 독자께 미리 양해를 구하는 바이며, 더욱 연구하고 틈틈이 수정·보완하여 완성도를 높여갈 것임을 약속드린다. 아낌없는 질책과 조언을 기대하는 바이다.

늘 공사(公私)생활의 지표가 되시고 힘과 지혜를 주시는 부모님께 이 책으로 그간의 은혜에 조금이라도 보답하고자 한다. 부족한 제자를 교수의 길로 이끌어주셨고 현재도 큰 가르침을 주고 계시는 영원한 스승이신 이윤호 교수님께 출간의 작은 영광을 바치며, 보다 더 학문 활동에 투철하여 부끄럽지 않은 제자가 될 것을 다짐 올린다.

끝으로 출판 환경이 여러 가지로 어려운 상황 하에서도 기꺼이 졸고를 출판하여 주시고 한결같이 적극적인 성원을 보내주신 진영사 박진영 사장님과 관계 임직원 여러분께 깊은 감사의 마음을 전한다.

**2014년 2월**

**세명대 학술관 연구실에서**

**저자 김 우 준**

# 목 차

## 제1편 특수한 유형의 범죄

## 제2편 특수한 대상에 의한 범죄

# 제1편 특수한 유형의 범죄

# 제1장 학교폭력범죄

## 제 1 절 학교폭력의 의미

이윤호(2008: 232)는 학교폭력을 학교에서의 폭력이나 괴롭힘은 신체적이나 정신적으로 힘의 우위에 있는 개인이나 집단이 힘이 열세에 있는 다른 개인이나 집단에 대하여 일방적으로 물리적, 언어적 또는 물리적이거나 언어적 방법을 이용하지 않고서도 고통이나 불쾌감을 주거나 괴롭히려는 의도에서 장기간에 걸쳐 반복적으로 일어나는 부정적인 행위라고 보았다.

피해자가 학생신분인 자가 또래나 선배 혹은 후배에게 학교 내에서나 혹은 학교주변 등·하굣길에 신체적 혹은 심리적으로 괴롭힘을 당하거나 금품갈취를 당하는 모든 형태의 폭력을 학교폭력이라 규정하며, 집단 따돌림도 학교폭력의 범죄의 범주에 포함할 수 있다는 견해도 있다(이순래 외, 2011: 216).

강맹진(2011: 384)은 학교폭력을 학교 안팎에서 발생하는 금품갈취·폭행·구타 등의 신체적·물리적 폭력이나 집단따돌림·욕설·협박 등 심리적·언어적 폭력행위로 규정하고 있다.

김용준(2011: 299)은 학교폭력이란, ① 교사에 대한 폭력사건, ② 학생 간의 폭력사건, ③ 집단 또는 집단의 위력을 배경으로 하여 학교 시설, 비품 등을 손괴하는 사건 등을 말한다고 한다. 이러한 정의를 참고로 해서 학교폭력의 태양을 분류하면 크게 학교 내와 학교 외로 나눌 수 있고, 학교 내의 것으로는 ① 교사에 대한 폭력, ② 학생 간의 폭력, ③ 학교시설이나 비품에 대한 폭력 등이 있고, 학교 외의 것으로는 ① 교사에 대한 폭력, ② 동일학교의 학생 간의 폭력, ③ 둘 혹은 그 이상의 학교 간의 학생 상호간에 의한 폭력 등으로 분류할 수 있으며, 일반적으로 학교폭력이란 학교 내에 있어서의 폭력사건을 말하며 폭력은 주로 학생 상호간 또는 교사에 대한 폭력을 말한다고 한다.

학교폭력의 개념 범주를 매우 광의로 확장하여 규정짓는 견해도 있다. 천정환과 이동임(2012)은 학교폭력에 관한 기존 학자들의 주장에서 학교폭력의 주체는 학생이고, 피해자도 학생이라는 것을 모두 전제하고 학교폭력을 힘의 불균형에서 오는 현상으로 보고 있는 데에서 더 나아가 학교폭력의 정의(넓은 의미에서)를 학교 구성원들이 학교 안팎에서 다른 학교 구성원들에게 지속적으로 가하는 의도적인 모든 형태의 폭력이라고 개념을 내리고 있다(천정환·이동임, 2012: 64). 학교폭력에서 학생간의 폭력은 그 피해가 개인 1인에 그치지만, 교사의 폭행은 피해당한 학생이나 피해교사 이외에도 그 학교 전체 학생들에게 큰 피해를 순식간에 초래하며, 나아가 학부모와 선량한 교사들에까지 영향을 미치므로 교사의 폭행은 그 수는 적어도 이처럼 무서운 영향력을 가져오므로 교사의 폭행도 당연히 학교폭력에 포함해야 하며, 학생들끼리의 폭행보다 더 무겁게 처벌해야 한다는 것이다. 또한 학생들 간에 행해지는 금품요구와 마찬가지로 일부 교사가 학부모에게 촌지를 노골적으로 요구하는 행위도 학교폭력에 포함시켜야 하는데, 이것은 학생들 사이에 금품갈취보다 부정적 영향이 더 크기 때문이며, 그 부정적 영향과 피하가 오래가기 때문이라고 한다(천정환·이동임, 2012: 67).

## 제 2 절 우리나라의 관련 법규

학교폭력의 예방과 대책에 필요한 사항을 규정함으로써 피해학생의 보호, 가해학생의 선도·교육 및 피해학생과 가해학생 간의 분쟁조정을 통하여 학생의 인권을 보호하고 학생을 건전한 사회구성원으로 육성함을 목적으로 「학교폭력예방 및 대책에 관한 법률」이 시행되고 있다.

이 법에서는 학교 내외에서 학생을 대상으로 발생한 상해, 폭행, 감금, 협박, 약취·유인, 명예훼손·모욕, 공갈, 강요·강제적인 심부름 및 성폭력, 따돌림, 사이버 따돌림, 정보통신망을 이용한 음란·폭력 정보 등에 의하여 신체·정신 또는 재산상의 피해를 수반하는 행위를 학교폭력으로 정의하고 있다.

또한 '따돌림'이란 학교 내외에서 2명 이상의 학생들이 특정인이나 특정집단의 학생들을 대상으로 지속적이거나 반복적으로 신체적 또는 심리적 공격을 가하여 상대방이 고통을 느끼도록 하는 일체의 행위로, '사이버 따돌림'이란 인터넷, 휴대전화 등 정보통신기기를 이용하여 학생들이 특정 학생들을 대상으로 지속적, 반복적으로 심리적 공격을 가하거나, 특정 학생과 관련된 개인정보 또는 허위사실을 유포하여 상대방이 고통을 느끼도록 하는 일체의 행위로 정의하고 있다(「학교폭력예방 및 대책에 관한 법률」 제2조).

학교폭력 예방 등을 위한 국가 및 지방자치단체의 책무를 규정하고 있는데, ① 학교폭력을 예방하고 근절하기 위하여 조사·연구·교육·계도 등 필요한 법적·제도적 장치를 마련할 것, ② 청소년 관련 단체 등 민간의 자율적인 학교폭력 예방활동과 피해학생의 보호 및 가해학생의 선도·교육활동을 장려할 것, ③ 청소년 관련 단체 등 민간이 건의한 사항에 대하여는 관련 시책에 반영하도록 노력할 것, ④ 이상 등의 책무를 다하기 위하여 필요한 행정적·재정적 지원을 할 것 등을 명시하고 있다(「학교폭력예방 및 대책에 관한 법률」 제4조).

교육부장관의 의무로 학교폭력의 예방 및 대책에 관한 정책 목표·방향을 설정하고, 이에 따른 학교폭력의 예방 및 대책에 관한 기본계획을 수립·시행할 것을 명하고 있으며, 이러한 기본계획에는 다음 사항들이 포함되어 5년마다 수립하여야 한다고 규정하고 있다(「학교폭력예방 및 대책에 관한 법률」 제6조).

1. 학교폭력의 근절을 위한 조사·연구·교육 및 계도
2. 피해학생에 대한 치료·재활 등의 지원
3. 학교폭력 관련 행정기관 및 교육기관 상호 간의 협조·지원
4. 전문상담교사의 배치 및 이에 대한 행정적·재정적 지원
5. 학교폭력의 예방과 피해학생 및 가해학생의 치료·교육을 수행하는 청소년 관련 단체 또는 전문가에 대한 행정적·재정적 지원
6. 그 밖에 학교폭력의 예방 및 대책을 위하여 필요한 사항

또한 교육감의 임무로 다음을 규정하고 있다.

### 1) 일반적 임무 (「학교폭력예방 및 대책에 관한 법률」 제11조)

① 교육감은 시·도교육청에 학교폭력의 예방과 대책을 담당하는 전담부서를 설치·운영하여야 한다.

② 교육감은 관할 구역 안에서 학교폭력이 발생한 때에는 해당 학교의 장 및 관련 학교의 장에게 그 경과 및 결과의 보고를 요구할 수 있다.

③ 교육감은 관할 구역 안의 학교폭력이 관할 구역 외의 학교폭력과 관련이 있는 때에는 그 관할 교육감과 협의하여 적절한 조치를 취하여야 한다.

④ 교육감은 학교의 장으로 하여금 학교폭력의 예방 및 대책에 관한 실시계획을 수립·시행하도록 하여야 한다.

⑤ 교육감은 자치위원회가 처리한 학교의 학교폭력빈도를 학교의 장에 대한 업무수행 평가에 부정적 자료로 사용하여서는 아니 된다.

⑥ 교육감은 전학의 경우 그 실현을 위하여 필요한 조치를 취하여야 하며, 퇴학처분의 경우 해당 학생의 건전한 성장을 위하여 다른 학교 재입학 등의 적절한 대책을 강구하여야 한다.

⑦ 교육감은 대책위원회 및 지역위원회에 관할 구역 안의 학교폭력의 실태 및 대책에 관한 사항을 보고하고 공표하여야 한다. 관할 구역 밖의 학교폭력 관련 사항 중 관할 구역 안의 학교와 관련된 경우에도 또한 같다.

⑧ 교육감은 학교폭력의 실태를 파악하고 학교폭력에 대한 효율적인 예방대책을 수립하기 위하여 학교폭력 실태조사를 연 2회 이상 실시하여야 한다.

⑨ 교육감은 학교폭력 등에 관한 조사, 상담, 치유프로그램 운영 등을 위한 전문기관을 설치·운영할 수 있다.

⑩ 교육감은 관할 구역에서 학교폭력이 발생한 때에 해당 학교의 장 또는 소속 교원이 그 경과 및 결과를 보고함에 있어 축소 및 은폐를 시도한 경우에는 징계위원회에 징계의결을 요구하여야 한다.

⑪ 교육감은 관할 구역에서 학교폭력의 예방 및 대책 마련에 기여한 바가 큰 학교 또는 소속 교원에게 상훈을 수여하거나 소속 교원의 근무성적 평정에 가산점을 부여할 수 있다.

### 2) 학교폭력의 조사·상담 (「학교폭력예방 및 대책에 관한 법률」 제11조의2)

① 학교폭력 피해학생 상담 및 가해학생 조사
② 필요한 경우 가해학생 학부모 조사
③ 학교폭력 예방 및 대책에 관한 계획의 이행 지도
④ 관할 구역 학교폭력서클 단속
⑤ 학교폭력 예방을 위하여 민간 기관 및 업소 출입·검사
⑥ 기타 학교폭력 등과 관련하여 필요로 하는 사항

학교폭력의 예방 및 대책에 관한 다음 각 호의 사항을 심의하기 위하여 국무총리 소속으로 '학교폭력대책위원회'를 설치하며(「학교폭력예방 및 대책에 관한 법률」 제7조), 지역의 학교폭력 문제를 해결하기 위하여 시·도에 '학교폭력대책지역위원회'를 둔다(「학교폭력예방 및 대책에 관한 법률」 제9조). 또한 학교폭력의 예방 및 대책에 관련된 사항을 심의하기 위하여 학교에 '학교폭력대책자치위원회'를 설치하도록 하고 있다(「학교폭력예방 및 대책에 관한 법률」 제12조).

국무총리 소속으로 설치되는 학교폭력대책위원회에서는 다음 사항을 심의한다(「학교폭력예방 및 대책에 관한 법률」 제7조).

① 학교폭력의 예방 및 대책에 관한 기본계획의 수립 및 시행에 대한 평가
② 학교폭력과 관련하여 관계 중앙행정기관 및 지방자치단체의 장이 요청하는 사항
③ 학교폭력과 관련하여 교육청, 학교폭력대책지역위원회, 학교폭력대책지역협의회, 학교폭력대책자치위원회, 전문단체 및 전문가가 요청하는 사항

대책위원회는 위원장 2명을 포함하여 20명 이내의 위원으로 구성되는데, 위원장은 국무총리와 학교폭력 대책에 관한 전문지식과 경험이 풍부한 전문가 중에서 대통령이 위촉하는 사람이 공동으로 되고, 위원장 모두가 부득이한 사유로 직무를 수행할 수 없을 때에는 국무총리가 지명한 위원이 그 직무를 대행한다(「학교폭력예방 및 대책에 관한 법률」 제8조 제1항 및 제2항).

위원은 다음 중에서 대통령령이 위촉하는 사람으로 한다(「학교폭력예방 및 대책에 관한 법률」 제8조 제3항).

① 기획재정부장관, 미래창조과학부장관, 교육부장관, 법무부장관, 안전행정부장관, 문화체육관광부장관, 보건복지부장관, 여성가족부장관, 방송통신위원회 위원장, 경찰청장 (당연직 위원)
② 학교폭력 대책에 관한 전문지식과 경험이 풍부한 전문가 중에서 위 ①의 위원이 각각 1명씩 추천하는 사람
③ 관계 중앙행정기관에 소속된 3급 공무원 또는 고위공무원단에 속하는 공무원으로서 청소년 또는 의료 관련 업무를 담당하는 사람
④ 대학이나 공인된 연구기관에서 조교수 이상 또는 이에 상당한 직에 있거나 있었던 사람으로서 학교폭력 문제 및 이에 따른 상담 또는 심리에 관하여 전문지식이 있는 사람
⑤ 판사·검사·변호사
⑥ 전문단체에서 청소년보호활동을 5년 이상 전문적으로 담당한 사람
⑦ 의사의 자격이 있는 사람
⑧ 학교운영위원회 활동 및 청소년보호활동 경험이 풍부한 학부모

위원장을 포함한 위원의 임기는 2년으로 하되, 1차에 한하여 연임할 수 있으며, 위원회의 효율적 운영 및 지원을 위하여 간사 1명을 두되, 간사는 교육부장관이 된다(「학교폭력예방 및 대책에 관한 법률」 제8조 제4항 및 제5항).

# 제 3 절 학교폭력의 유형

## 1. 집단 따돌림

학교와 범죄·비행과의 관계에서 교내 폭력과 함께 진지한 검토가 필요한 것이 '왕따'이다. 최근 집단 따돌림이 원인이라 생각되는 자살이 몇 차례 방송을 통해 보도되면서 사회적인 관심이 높아졌다(김상균, 2004: 252). 집단 따돌림 문제는 한국 특유의 현상이 아닌 일본을 비롯한 세계 여러 나라에서도 문제시 되고 있다. 교사에 집단 따돌림 사실이 발각되지 않게 하기 위하여 피해자와 주변 친구들이 발설하지 못하도록 정보를 단절시키는 경우도 있다. 그 때문에 집단 따돌림이 발각된 때에 학교 측이 그 사실을 몰랐던 것도 적지 않다(김상균, 2004: 253).

## 2. 물리적 폭력

다른 모든 폭력 범죄와 마찬가지로, 학교폭력의 가장 보편적이고 전형적인 가해 행위 태양도 역시 물리적 폭력 행사이다. 실제적으로 피해자의 신체에 주먹질 등으로 타격을 가하는 물리적 폭력은 실제의 신체적 상해를 나을 수도 있고, 부상을 입힐 위험성을 나을 수도 있으며, 외관상 큰 상처가 없더라도 불안감과 공포 등의 심리적인 상처를 입힐 수 있는 심각한 범죄 행위라 할 수 있다.

## 3. 언어적 폭력

물리적 폭력 못지않은 폭력행위 유형으로 언어적 폭력을 들 수 있다. 각종 욕설 등을 통하여 인격을 침해하고 모욕 감정을 들게 하는 언어적 폭력도 있을 수 있고, 협박 등을 통하여 공포감을 조장하고 다른 범죄 이익 달성을 꾀하는 경우도 있을 수 있다. 일상적으로 욕설 등에 노출되면 건전한 자아 및 인격 형성에 장애가 될 수 있다는 많은 연구들도 있듯이, 언어적 폭력도 매우 심각한 학교폭력 행위 유형이라 할 것이다.

## 4. 괴롭힘

이소희 등(2005)에 따르면, 괴롭힘은 신체적·정신적·경제적·사회적으로 가해지는 온갖 언어, 태도, 상황을 말하며, 이것은 꼬집거나 심부름을 시키는 등의 신체적 괴롭힘과 상대방을 비하해서 놀리는 등의 심리적 괴롭힘으로 나눌 수 있다고 한다(천정환·이동임, 2012: 67).

## 5. 소결

특정의 어느 한 유형을 학교폭력이라 할 수도 없으며, 각 유형 간에도 사실 많은 중복 영역이 존재한다. 예컨대, 꼬집음으로써 괴롭히는 행위는 '물리적 폭력'에도 포함될 수 있고, '괴롭힘'에도 포함될 수 있다. 다수 학생이 한 학생을 없는 사람 취급을 하는 등 따돌리고 놀리는 행위는 '집단따돌림'에도 속할 수 있으며, '괴롭힘'의 영역에도 들 수 있다. 이렇듯 학교폭력은 각 유형의 행위들이 뚜렷이 구분된다기보다는, 복합적으로 결합하여 이루어지는 경우가 많다고 보아야 할 것이며, 어느 하나의 행위만으로 구성되는 사례는 상대적으로 적다고 할 것이다.

# 제 4 절 학교폭력의 특징

## 1. 비밀성

학교폭력은 대체로 성인들에게 목격되지 않고 일어나는 특징을 갖고 있다. 이윤호(2008)는 Valerie E. Besag(1989)의 견해를 들어 학교폭력의 비밀성에 대하여 설명하고 있는데, 사회적으로는 고자질이나 일러주는데 대한 부정적 시각이 존재하기 때문에 가해학생과 피해학생은 물론이고 목격자까지도 침묵을 지키는 경우가 많다는 것이다. 더불어, 성인들은 피해학생들의 고통을 완전히 이해하기 힘들고 별로 걱정하지 않거나 무관심한 성인들로 인하여 대부분의 학교폭력이 발각되지 않고 지나가지 때문에 학교폭력의 문제는 과소평가되기 쉽다. 또한 학교나 지역사회의 입장에서도 학교나 지역사회의 명성과 평가에 도움이 되지 않기 때문에 가급적 숨기거나 축소하려고 하며, 학부모 입장에서도 보복이 두렵거나 괜히 문제를 더 악화시킬까 염려하여 문제를 크게 만들지 않으려고 한다. 피해학생 본인들도 창피함이나 모멸감에서 또는 보복이 두려워 그리고 부모님을 실망시키고 싶지 않아서 문제를 숨기려고 한다. 이러한 이유로 학교폭력은 상당 부분 숨겨진 채로 남게 되는 경우가 많다(이윤호, 2008: 234).

## 2. 죄책감 및 책임감의 희석

학교폭력의 가해자는 1인인 경우도 있지만, 불량서클 등 다수의 구성원이 협심하여 가해를 하는 경우도 많다. 또한 많은 다른 학생들이 알게 모르게 이러한 가해행위에 조력하거나 묵인·방관한다. 이는 다수 학생이라는 집단적 특성 속에서 스스로의 죄책감과 책임감이 희석되기 때문이라고 볼 수 있다. '내가 안 괴롭히더라도 어차피 얘는 괴롭힘을 당하는 아이야',

'다른 친구들도 다 괴롭히는데 내 하나쯤 더 괴롭힌다고 그게 무슨 큰 문제겠어' 등의 사고가 일어날 수 있는 문제가 있다.

## 3. 생애지속적 영향

학교폭력의 피해는 전 생애에 걸쳐서 장기간 지속될 가능성이 크다. 실제 피해에서 벗어나더라도 피해의 충격은 평생 지속될 수 있다는 것이다. 전학을 가더라도, 이사를 하더라도, 졸업을 하더라도, 유학을 가더라도, 취업을 한 후라도, 인생의 가장 중요하고 결정적 시기였던 청소년기의 학교폭력 피해 경험은 쉽게 극복되지 않는다. 사회생활에서의 자신감의 상실, 대인관계에의 실패, 사교·교류 곤란 등의 사례들 중 그 원인을 심리적으로 분석해보면, 왕따 등 청소년기의 피해경험이 중요한 요인을 차지하고 있는 경우도 많다고 한다. 또한 충격적인 피해경험은 생애과정 중, 원인을 알 수 없는 불안감 및 분노감정, 스트레스나 불쾌감정, 악몽 등으로 끊임없이 나타나곤 한다. 이렇듯 학교폭력은 그 피해가 일시적이지 않고, 전 생애에 걸쳐서 장기간 지속되는 특징이 있다.

## 4. 양면성

학교 폭력의 결과적 특징을 살펴보자면, 가해자가 곧 피해자일 수 있으며, 피해자가 다른 범죄·일탈의 가해자가 될 수 있다는 가해자와 피해자의 양면성을 틀 수 있다. 가해자도 학생 신분으로, 국가가 제공하는 교육서비스를 충분히 제공받고 지식과 인격을 함양할 권리를 갖는데, 학교폭력 등 일탈에 젖다보면 스스로 그러한 교육서비스를 충분히 누리지 못한 피해자가 되기 쉽다. 나아가 전 생애적 관점에서 좋은 상급 교육을 받거나, 양질의 일자리를 구하는 등의 유망한 진학·사회 진출에 장해를 겪는 경우가 많게 되므로, 결국 가해자도 동시에 스스로를 피해자화 하게 되는 특징이 있다는 것이다. 피해학생도 학교폭력의 피해로 인한 분노와 불안, 억압의 감정들을 자기보다 약한 다른 대상(예컨대, 동생, 하급생, 애완동물 등)에게 치환하여 분출함으로써 스트레스를 해소하게 되는 경우가 많은데, 이 과정에서 또 다른 가해의 주체가 될 여지가 큰 특징이 있다. 이러한 가해자와 피해자의 양면성, 가해와 피해의 동시성이 학교폭력의 주된 특징 중 하나라 할 수 있다.

## 5. 최근의 추이

현실에서의 폭력이나 괴롭힘에서 그치지 않고, 각종 스마트폰이나 인터넷 소통 프로그램 등을 이용한 사이버 폭력행위가 급증하고 있는 추세이다. 또한 기존의 학교폭력은 남학생들 위주였다면, 최근에는 여학생들의 학교폭력도 증가하고 있다. 저연령화도 문제이다. 중,고등학생 위주로 발생했던 종전에 비하여, 최근에는 초등학생 사이에서도 학교폭력이 빈번하게 발생하는 등 학교폭력이 저연령화되고 있는 특징이 있다. 인생과·가치관이 형성되기 이전인 어린 나이일수록 학교폭력으로 인한 폐해가 크다는 점을 상기하면, 학교폭력의 저연령화는 심각한 문제라 할 것이다.

지역의 성인 범죄조직과 연계되고 있는 특징도 있으며, 각 지역 비행 청소년 조직 간에 연대나 결집이 강화되며 규모가 커지거나 활동 범위도 광역화되고 있다. 이러한 연계나 인터넷의 발달, 개인정보 보호 소홀 등으로 인해, 피해 학생이 전학을 가는 등의 회피 방법을 취하더라도 소문이 나는 등 피해가 이어져, 피해시기가 연장되고 장기화되는 점도 심각한 문제로 지적될 수 있다.

시기적으로는 특정한 시기에 한정되는 않는 경향이 있다. 입시가 끝난 후 등에 한정적으로 있는 것이 아니고 연중 지속적으로 발생하고 있다(김용준, 2011: 302).

방송, 인터넷 등 각종 매스미디어매체와 콘텐츠산업의 발달 등으로 범죄행위에 대한 모방 가능성이 증가하였고, 이와 더불어 성인범죄와 유사한 수준의 흉악한 학교복력 사례가 증가하는 것도 문제이다.

주로 도시 지역에서 많이 발생하던 종전에 비하여, 농·어촌 지역의 발생도 증가하는 등 전지역적으로 확산되고 있는 특징도 있다. 또한 학교폭력의 목적과 관련하여서, 학업이나 가정형편 등의 문제로 인한 비교적 순수한 스트레스가 요인이 되는 비중은 줄고, 유흥비 마련 목적이나 단순한 일탈감·쾌락을 즐기고자 하는 목적에서 비롯되는 학교폭력 사례가 증가하고 있다.

# 제 5 절 학교폭력 피해자의 특징

괴롭히는 행위의 영향은 직접적인 피해자뿐만 아니라 그 이상 훨씬 더 확대된다고 한다. 즉, 공격성을 직접 목격하거나 단순히 듣기만 한 학생인 간접적인 피해자도 역시 여러 가지 방법으로 영향을 받는다는 것이다(이윤호, 2007b: 294).

또 이윤호(2007b: 294)는 '미국 주 법무장관 협의기구(NAAG: National Association of Attorney General)'가 발표한 자료(2000)를 토대로 학교폭력에서 비롯되는 학생 상호간 폭력 위험성의 증대에 대하여 설명하고 있는데, 괴롭히는 행위로 인한 일부 학생들의 피해자화가 모든 학생들에게 폭력의 위험성을 상승시킨다고 한다. 즉, 한 학생이 흉기를 소지하면 다른 학생이 불안전하게 느끼게 되어 자신도 흉기를 휴대하게 되는 것이다. 그래서 위험의 인식이 다른 학생에 대한 반응으로써 각 학생이 흉기를 휴대하는 것을 통해서뿐만 아니라 집단으로서 동료들이 무장하고 있고 그래서 불안을 느끼는 학생들의 인식을 통해서 폭력의 위험성이 증대된다는 것이다. 학교폭력이 간접 피해자에게 미치는 전체적인 영향이 일종의 피해자화의 악순환을 만들게 된다.

직접적 피해자에 대하여 학교폭력은 어떠한 영향을 미치는가. 괴롭힘을 당한 피해 학생들은 학교를 불안전한 곳으로 느끼게 되어 때로는 학교를 두려워할 수 있다고 한다. 괴롭힘을 당하는 학생의 동료들이 피해 학생과 접촉함으로써 자신의 사회적 지위를 잃기를 원하지 않거나 그 자신이 괴롭힘을 당하기를 원하지 않기 때문에 피해학생의 소외를 증대시킬 수 있다고 한다(Berry-Fletcher and Fletcher, 2003 ; 이윤호, 2007b: 294에서 재인용).

다수의 직접 피해자들은 자신의 부모가 괴롭힘에 대하여 묻지도 않고 알지도 못한다고 말하고 있다. 피해자들은 종종 어른들이 개입하려 하는 것이나, 이 문제를 어른들에게 말하는 것이 보복으로 이어질 것이라고 말한다. 학생들은 또한 교사들이 괴롭힘에 대하여 학생들에게 거의 또는 전혀 언급하지 않는다고 알고 있다(이윤호, 2007b: 294-295).

학교폭력의 피해 학생들은 과연 어떤 특성을 가지고 있는가. 괴롭힘의 피해학생들은 자신을 방어하지 못하거나 자신을 괴롭히는 학생들에게 응수하거나 보복하지 못하는 것으로 인식되고 있다. 또한 다수의 피해 학생들은 사회기술이 좋지 못하거나 사회적으로 소외되는 것과 같은 다른 특성들도 지니고 있다고 한다(이윤호, 2007b: 295).

# 제 6 절 학교폭력의 원인

## 1. 가해학생의 심리적 원인

Dan Olweus(1978)는 학교폭력 가해 학생들의 여러 심리적 특징을 설명하였는데, 가해 학생들은 강력한 지배 및 권력 욕구를 가지고 있으며, 남을 정복하려는 욕구와 통제하려는 것을 즐기려는 성향을 가지고 있다고 보았다. 또한 대부분의 가해 학생들이 자라난 가정 환경을 고려할 대, 환경에 대한 적대심을 갖게 되었으며 이러한 감정과 충동으로 다른 사람에게 손상을 가함으로써 만족감을 취하도록 만들 수 있다고 가정되기도 한다. 그리고 행동심리학적 관점에서 학교폭력에도 '이익요소'가 작용할 수도 있다. 즉, 가해 학생들이 피해 학생들에게 금품을 제공하도록 강요하기도 하며, 실제로 많은 경우 이들의 공격적 행위가 특권 내지는 특전이라는 형태의 보상이 되기도 한다(이윤호, 2008: 242).

## 2. 가정의 기능 약화

가해학생에 대한 가정교육의 잘못이 원인이 될 수 있다. 폭력 행사의 본보기를 보였든지, 방치하거나 냉대했든지 잘못된 교육이 제공되었을 가능성이 크다. 좋은 교육을 제공하고자 하더라도, 부모의 맞벌이, 학교교육 및 학원교육 등 가정 내 교육의 비중 증가 등으로 우리사회에서 가정이 교육적 기능을 담당할 여지가 점차 감소하고 있는 것도 근본적 문제이다. 이렇다보니 피해 학생 측면에서도 피해를 당하고 있는 사정을 가정에서 파악하기도 어려운 것이다.

## 3. 교육당국의 책임 약화

교직에 대한 사명감이 부족한 교사들의 문제도 있지 않은가 여겨진다. 초·중등 교원의 임용이 책임감보다는 성적 위주로 이루어지는 데에서 비롯되는 불가피한 문제인 측면이 있는 듯하다. 자질이 부족한 교사들이 학교 교육 현장에 진입하는 것을 개선할 수 있는 묘안이 요청된다.

## 4. 모방의 여지 증가

각종 미디어의 폭력성, 음란·선정성은 증가하고, 이를 전파할 수 있는 인터넷이나 SNS기술은 급속히 발전하고 있다. 즉 방송이나 개인 제작 콘텐츠 등을 통해 학생들이 폭력성을 접하고 학습할 여지가 커지고 있는 문제도 있다는 것이다.

## 5. 학생 소비 수준 향상

요즘은 학생들도 용돈이 많고, 학원비, 급식비, 교재비 등 많은 현금이나 카드 등을 소지하고 있다. 또 고가의 스마트폰 등 유혹의 대상이 될 만한 재화를 소지하는 경우가 많다. 가방이나 액세서리류는 성인들 것과 유사한 수준의 고가품인 경우도 많다고 한다. 즉, 빼앗거나 훔치고 싶은 동기를 자극하는 재화가 풍부해진 현상 탓도 있지 않은가 한다.

## 6. 성과 위주 교육제도

공식 교육의 근본적 목표가 무엇인지 진지한 고민이 필요하다. 성적, 각종 평가 등 성과를 내고, 그것을 확인하는 과정이 교육의 계속이 되다보니, 다른 인격적 가치는 소홀히 하게 되고, 친구는 경쟁상대 내지 불쾌한 자극을 주는 존재로 인식되게 되며, 학생들의 스트레스 수준은 지속적으로 증가하고 있다. 일탈을 위한 자극이 활성화될 수밖에 없는 환경에 놓여있는 것이다.

## 7. 유흥 환경의 영향

오늘날 학교주위에도 여관, 당구장, 만화방, 오락실, 게임방, 술집, 비디오방 등의 청소년 유해환경에 많이 노출되어 있다. 이러한 유해자극들은 청소년을 쉽게 유혹하고, 학교생활이나 가정생활 등에서 부적응 청소년에게는 도피처가 될 수 있다. 그로 인해 유해환경의 이용에 필요한 자금을 만들기 위해 강도나 절도, 폭행 등의 학교폭력이 발생할 수 있다(천정환·이동임, 2012: 71).

## 8. 외향과 내면의 관계

얼굴을 찌푸리는 행동으로 마음을 침울하게 할 수 있을까. James Laird(1974)는 피험자들에게 인위적으로 미소 짓는 얼굴과 찌푸린 얼굴을 만들도록 한 후, 그 결과를 확인해 보니 미소 짓는 표정은 피험자들을 더 행복하게 만들었고 찌푸린 얼굴은 피험자들을 더 슬프거나 화난듯하게 만들었다고 한다(김정희 외, 2001: 232). 정확한 비교는 아니겠지만, 이렇듯 외향이 내면의 심리에 영향을 미치는 것은 충분히 가능하다. 일반적으로 내면의 심리가 외향적 일탈로 표출된다고 생각하기 쉽지만(예컨대, 폭력성이 강한 학생이 위협적인 문신을 하는 등), 반대로 외면적 일탈이 선행되면 내면의 심리도 악영향을 받을 수 있는 것이다(예컨대, 착한 학생이 재미삼아 위협적인 문신을 새겼더니, 폭력성·과감성·충동성이 증가하는 경우). 많은 학자들이 내면이 외향에 미치는 영향과 외향이 내면을 구축하는 영향은 50대 50정도로 비슷하다고 한다.

교복 자율화, 두발 자율화, 학생의 개성 존중, 학생 인권 강화 등의 조류와 함께 많은 청소년 학생들이 자유로운 의복을 착용하고 각종의 개성있는 나름대로의 스타일을 뽐낸다. 자율성과 개성의 증진이라는 측면에서 장점이 있지만, 자칫 과도한 개성이 불량스러운 멋부림으로 변질된다면, 위에서 살펴본 '나쁜 외향'이 '나쁜 내면'을 구축하는 결과를 초래할 수도 있을 것이다. 지나친 외형적 일탈을 방관하는 학교 현장의 풍조가 만연해진다면, 학교폭력의 증가를 불러올 수도 있다는 것이다.

## 9. 집단역학적 설명

Dan Olweus(1978)는 학교폭력을 집단관계 속에서 이해하려 하기도 한다. 우선 사람들은 자신의 우상 또는 역할모형이 공격적으로 행동하는 것을 관찰하게 되면 자신도 공격적으로 행동하기 쉽다고 한다. 가해학생이 강인하고 무서워하지 않으며 남성다운 것으로 보여진다면 동료 학생들 간에 자연스러운 지위를 갖지 못하고 종속적이고 불안정한 학생일수록 학교폭력에 따를 가능성이 높다고 한다. 이를 '사회적 전염(social contagion)'이라고 한다. 이와 관련된 것으로 공격적 행동에 대한 자제와 통제의 약화를 들 수 있다. 공격적 행동에 대한 역할모형이 어떠한 형태로든 보상을 받는 것을 봄으로써 자신의 공격성에 대한 통제와 자제력이 약화된다는 것이다. 또한, 평소 대체로 공격적이지 않고 선량한 학생도 때로는 학교폭력에 가담하는 경우가 있는데 이런 경우 개인적 책임감의 감소(decreased sense of individual responsibility)로서 설명되기도 한다. 즉, 많은 사람이 집단적으로 함께 학교폭력과 같은 부정적 행위에 참여하게 되면 참여자 각자의 개인적 책임감은 훨씬 줄어든다고 사회심리학자들은 주장하고 있는데, 그것은 바로 책임의 분산이나 희석(diffusion or dilution of responsibility)으로 죄책감이 줄어들기 때문이다(이윤호, 2008: 243).

# 제 7 절 학교폭력에 대한 대응

## 1. 국가 차원의 대응

국가적 차원에서는 학교폭력과 예방에 관한 체계적인 입법화가 필요하고, 교정정책 또는 보호정책에 있어서도 적절한 분류를 통해 강력한 처벌을 받아야 할 자와 전환제도 등을 받아야 할 자를 과학적으로 분류할 필요가 있다(천정환 · 이동임, 2012: 81).

경찰은 학교 주변 순찰이나 배움터 지킴이, 학교폭력 예방교육(강연) 등을 통해 학교폭력 예방활동에 참여할 수 있을 것이다. 또한 학교폭력 사안이 발생한 경우 학교폭력대책자치위원회의 위원으로서 가해학생 선도조치나 피해학생에 대한 배상책임 등에 대하여 자문해 줄 수도 있을 것이다(이순래 외, 2011: 233).

## 2. 지역사회 차원의 대응

학교폭력 그 자체는 학교, 가정뿐만이 아니라 지역사회와도 깊은 관계가 있는 것이 사실이다. 그렇기 때문에 지역사회의 환경을 쟁점화하고 지역사회를 어린이 성장과 발달을 촉진하는 최적의 장소로 만드는 것이 학교폭력에의 유효한 대책의 하나라는 것은 말할 필요가 없다. 그렇기 때문에 지역사회에 있어서 각종 단체의 협력을 바라고 지역 주민의 학교폭력에 대한 관심을 높이면서 공적기관과의 연락을 가지고 인접 학교와 연계하는 것 등이 필요함은 말할 것도 없다. 학교에 있어서 비행의 조기 발견이 학교폭력 예방의 중요한 수단이 되는 것은 분명하며, 지역사회로서의 홍보활동, 건전한 놀이장소 등의 제공 등은 유효한 비행대책들이라고 말할 수 있다(김용준, 2011: 307).

## 3. 민간단체 수준에서의 대응

시민단체(NGO)는 학교폭력을 예방하고 대처하기 위하여 다양한 인적·물적 자원을 제공해 줄 수 있다. 특히, 학교폭력과 관련하여 전문적 성격을 띠고 있는 NGO단체들은 학교폭력 예방을 위한 교육 프로그램과 전문강사 인력풀(pool)을 제공해 줄 수 있으며, 필요한 경우 학교폭력 현안 대응팀의 학교폭력 조정자 역할을 담당할 수 있다(이순래 외, 2011: 234).

## 4. 교육 및 학교당국의 대응

교육기관은 학교폭력을 예방하거나 대처하는 과정에서 시·도 및 지역 교육청 사이에 혹은 지역 내 학교 사이에 연계가 필요한 경우 파트너로서 책임을 맡을 수 있다. 예를 들어 특정 학교에서 학교폭력 예방을 위해 지역 순찰을 계획한다면 인근 학교로부터 협조를 받을 수 있다. 마찬가지로 학교폭력 가해 및 피해학생을 전학시킬 경우 다른 지역 교육청으로부터 협조를 받을 수 있을 것이다(이순래 외, 2011: 233).

## 5. 가정 및 학부모의 대응

학교폭력의 대응에 있어서 가장 중요한 것이 가정에 있어서의 대응이라고 해도 과언이 아니다. 가정이야말로 학생에게 있어서 가장 안전한 장소이며 인격형성의 장소인 것이다. 어린이는 부모의 생활태도를 보고 배우는 것이 많다고 생각할 때 건강한 가정생활의 실천만이 가정교육의 기본이라고 할 수 있다. 현대와 같이 핵가족화된 가정생활에 있어서 부모와 자녀간의 대화 활성화, 가정에 있어서 부권회복의 문제, 부모의 역할을 명확히 하고 자년의 장래 목표에 대해서 자녀의 의견을 존중하는 것이 건전한 가정설계를 위해서는 중요한 요인이 될 것이다(김용준, 2011: 306).

자녀에게서 학교폭력 피해 의심 증후가 발견된다면 먼저 자녀에게 관심을 기울여 폭력을 당하고 있는지의 여부를 확인해야 한다. 자녀가 학교폭력을 당하고 있다면 시기는 언제부터인지, 폭력의 정도는 얼마나 심한지 구체적으로 파악하여 일회적이고 가해자의 행동이 위험성이 없다면 가해자의 부모나 학교와 상담하여 선도 위주로 문제를 해결하고, 폭력이 수반되는 공갈・협박・금품갈취 등이 있다면 경찰에 신고하여 적극적으로 피해학생을 보호해 주어야 한다. 또한 폭력으로 인해 자녀가 겪었을 마음의 상처를 치료해주고 자신감을 되찾을 수 있도록 세심한 배려를 해야 한다(강맹진, 2011: 386).

## 6. 가해 청소년 입장에서의 대응

자신의 행위가 얼마나 심각하고 중대한 것인지에 대한 지각이 필요하다. 인도철학 사상에 의하면, 하나의 사람은 곧 하나의 우주라고 한다. 우주를 파괴하고 괴롭히는 행위는 뒤늦게 후회해서 되돌릴 길이 없는 것이다. 행동을 살피는 지각이 필요하다.

폭력성, 괴롭히고 싶은 충동을 억제하기가 어려우면, 교사와 적극적으로 상담하고, 필요한 경우 전문 치료를 받아야 한다. 스스로 이를 가족 등 주변에 알려서 조심하려는 노력을 스스로 강제하는 것도 방법이다.

악행이 반복되면 언젠가는 처벌을 받고, 처벌의 전력이 쌓이면 남은 인생에 많은 장애가 발생하게 된다는 것을 명확히 알아야 한다. 하루 빨리 뉘우치고 사과하고 재발 방지를 약속・맹세하는 것이 스스로를 아끼는 길이라는 것을 인지해야 한다.

## 7. 피해 청소년 입장에서의 대응

용기와 믿음이 중요하다. 부모 등 가족에게 부끄러운 마음이 들 수도 있고, 교사에 대한 신뢰가 없을 수도 있지만, 용기를 내어 가족과 교사에게 상담하고 해결책을 함께 모색하는 것이 중요하다. 문제 해결의 방법을 찾는 데에도 도움이 되고, 두려움을 극복하는 데에도 긍정적 효과가 있으며, 흔들리지 않고 마음을 다잡을 수도 있다. 임시적인 보호 기제로 작용할 수도 있다. 알리려는 '용기', 교사·경찰·전문가 등이 반드시 도움을 주고 문제를 해결해 줄 것이라는 '믿음'이 중요하다고 볼 수 있다.

# 제2장 가정폭력범죄

## 제 1 절 가정폭력의 의미

Sage범죄학사전에서는 가정폭력이란 가정이라는 사적인 삶의 영역에서 발생할 수 있는 광범위한 범위에서의 폭력이나 학대 등을 총칭하는 것으로 규정하고 있다(McLaughlin & Muncie, 2006: 163).

김용준(2011)은 가정폭력은 가정 내에서 이루어지는 폭력을 말하는 것으로 여기서 말하는 가정은 꼭 법률상의 가족관계 만을 말하는 것은 아니고 동거녀나 동거남 또는 내연관계에 있든 사실혼관계에 있든 모든 경우를 다 포함한다고 보고 있다. 폭행은 남자 쪽이 여자 쪽에 대하여 폭행을 하는 경우가 보통이나 그 반대로 여자 쪽이 남자 쪽을 학대하거나 폭행하는 경우도 있다고 한다(김용준, 2011: 379).

이순래 등(2011)은 가정폭력은 그 대상 및 범위, 빈도 등에 따라 달리 나타날 수 있고, 또한 사회적·문화적 배경 등에 의하여 이를 판별하는 기준과 범위는 달라질 수 있으므로 학자나 실무자들도 개념의 합의를 이루지 못하고 있다고 전제하면서도, 다만, 가정폭력을 가구 내 폭력(domestic or family violence), 배우자 학대(spouse abuse), 부부폭력(conjugal violence), 아내학대(wife abuse), 아내구타(wife battering), 아내폭행(wife assault), 아동학대(child abuse), 노인학대(elderly abuse) 등을 포괄하는 의미로 사용한다고 본다(이순래 외, 2011: 205).

가정폭력의 개념을 매우 광의적으로 확장하여 주장하는 견해도 있다. 천정환·이동임(2012)은 자기 자신에 대한 폭력도 가정폭력에 포함시켜 가정폭력을 "가족구성원 중 일부가 다른 구성원의 전부나 다른 구성원의 일부 또는 자신들에게 행하는 의도적인 모든 폭력행위"라고 정의한다. 이렇게 정의하게 되면 기존의 가정폭력의 개념인 '가족구성원간의 폭력'은 당연히 내포하면서 필자가 주장하는 자신에 대한 가정폭력의 개념도 포함하게 되어 보다 정치한 가정폭력의 개념이 된다고 한다. 내적 폭력이란 가령 남편이 아내나 다른 가족구성원에게는 어떠한 신체적·성적·경제적 폭력도 가하지 않지만, 여러 가지 이유로 자신을 학대하거나 방임하는 것이다. 비합리적인 이유로 자신을 끊임없이 정신적으로 괴롭혀 자신을 학대한다든지 오랜 기간 식사를 하지 않는다든지, 오랜 기간 침묵하는 것이나 자신의 신체에 상처를 내는 신체적 학대행위 등은 결과적으로 가족구성원들에게 불안과 공포를 주는 점에서 넓은 의미의 가정폭력이라고 할 수 있는데, 왜냐하면 가정폭력의 공통된 증상은 구성원이 느끼는 불안과 공포감이기 때문이라고 한다(천정환·이동임, 2012: 40-41).

이상현 등(2012)은 '가정 내의 폭력'이라는 개념을 설명하고 있는데, '가정 내의 폭력'이란 가정에서 발생하는 가족구성원 간의 폭력을 의미하고 있지만, 그 중에는 부모의 자녀에 대한 폭력, 부부 간의 폭력, 자녀의 부모에 대한 폭력, 형제·자매 간의 폭력, 그 외에 가족성원 간의 폭력이 있다고 한다(이상현 외, 2012: 206).

임상곤(2006)은 가정폭력은 가정 내에서 발생하는 폭력으로서 배우자에 대한 폭력과 자녀와 부모에 대한 폭력을 모두 포함한다고 한다. 자녀에 대한 폭력은 아동학대, 부모에 대한 폭력은 노인학대에 해당한다고 한다(임상곤, 2006: 505).

# 제 2 절 우리나라의 관련 법규

## 1. 「가정폭력범죄의 처벌 등에 관한 특례법」

가정폭력범죄의 형사처벌 절차에 관한 특례를 정하고 가정폭력범죄를 범한 사람에 대하여 환경의 조정과 성행(性行)의 교정을 위한 보호처분을 함으로써 가정폭력범죄로 파괴된 가정의 평화와 안정을 회복하고 건강한 가정을 가꾸며 피해자와 가족구성원의 인권을 보호하기 위하여 「가정폭력범죄의 처벌 등에 관한 특례법」이 시행되고 있다.

이 법에서는 가정폭력과 관련된 용어들에 대하여 광범위하게 정의하고 있는데, 그 중 주된 내용을 살펴보면 다음과 같다(「가정폭력범죄의 처벌 등에 관한 특례법」 제2조).

○ "가정폭력"이란 가정구성원 사이의 신체적, 정신적 또는 재산상 피해를 수반하는 행위를 말한다.

○ "가정구성원"이란 다음 각 목의 어느 하나에 해당하는 사람을 말한다.

가. 배우자(사실상 혼인관계에 있는 사람을 포함한다. 이하 같다) 또는 배우자였던 사람

나. 자기 또는 배우자와 직계존비속관계(사실상의 양친자관계를 포함한다. 이하 같다)에 있거나 있었던 사람

다. 계부모와 자녀의 관계 또는 적모(嫡母)와 서자(庶子)의 관계에 있거나 있었던 사람

라. 동거하는 친족

○ "가정폭력행위자"란 가정폭력범죄를 범한 사람 및 가정구성원인 공범을 말한다.

○ "피해자"란 가정폭력범죄로 인하여 직접적으로 피해를 입은 사람을 말한다.

「가정폭력범죄의 처벌 등에 관한 특례법」에서 의율하는 '가정폭력범죄'에는 상해, 폭행, 유기, 학대, 체포, 감금, 협박, 강간, 강제추행, 명예훼손, 모욕, 주거 및 신체의 수색, 강요, 공갈, 재물손괴 등이 포함된다(「가정폭력범죄의 처벌 등에 관한 특례법」 제2조 제3호).

## 2. 「가정폭력방지 및 피해자보호 등에 관한 법률」

가정폭력을 예방하고 가정폭력의 피해자를 보호·지원하기 위하여 「가정폭력방지 및 피해자보호 등에 관한 법률」이 시행되고 있다.

이 법 제4조에서는 국가와 지방자치단체의 가정폭력 예방·방지 및 피해자 보호·지원을 위한 책무를 규정하며 아래의 조치를 취할 것을 명하고 있다.

① 가정폭력 신고체계의 구축 및 운영
② 가정폭력의 예방과 방지를 위한 조사·연구·교육 및 홍보
③ 피해자를 위한 보호시설의 설치·운영, 임대주택의 우선 입주권 부여와 그 밖에 피해자에 대한 지원 서비스의 제공
④ 피해자의 보호와 지원을 원활히 하기 위한 관련 기관 간의 협력 체계 구축 및 운영
⑤ 가정폭력의 예방·방지와 피해자의 보호·지원을 위한 관계 법령의 정비와 각종 정책의 수립·시행 및 평가
⑥ 피해자 및 긴급전화센터, 가정폭력 관련 상담소, 가정폭력피해자 보호시설의 상담원 등 종사자의 신변보호를 위한 안전대책 마련

또한 동법 제4조의2에서는 '여성가족부 장관은 3년마다 가정폭력에 대한 실태조사를 실시하여 그 결과를 발표하고, 이를 가정폭력을 예방하기 위한 정책수립의 기초자료로 활용하여야 한다'고 규정하여, 여성가족부 장관의 가정폭력 실태조사 책무를 규정하고 있다.

「가정폭력방지 및 피해자보호 등에 관한 법률」 제4조의3 제1항에서는 국가기관, 지방자치단체, 각급 학교의 장, 기타 공공단체의 장에 대하여 가정폭력의 예방과 방지를 위하여 필요한 가정폭력 예방교육을 실시하고, 그 결과를 여성가족부장관에게 제출하여야 하도록 하고 있으며, 여성가족부장관은 이러한 교육을 위하여 전문강사를 양성하고, 교육 프로그램을 개발·보급하여야 한다고 규정하고 있다(동조 제2항).

같은 법 제7조에서는 보호시설의 설치에 관하여 규정하고 있는데, 국가나 지방자치단체는 가정폭력피해자 보호시설을 설치·운영할 수 있으며(동조 제1항), 보호시설에는 상담원을 두어야 하고, 보호시설의 규모에 따라 생활지도원, 취사원, 관리원 등의 종사자를 둘 수 있고(동조 제3항), 보호시설의 설치·운영의 기준, 보호시설에 두는 상담원 등 종사자의 직종(職種)과 수(數) 및 인가기준(認可基準)등에 필요한 사항은 여성가족부령으로 정하도록 하고 있다(동조 제4항).

보호시설의 종류는 아래와 같다(「가정폭력방지 및 피해자보호 등에 관한 법률」 제7조의2 제1항).

① 단기보호시설 : 피해자등을 6개월의 범위에서 보호하는 시설
② 장기보호시설 : 피해자등에 대하여 2년의 범위에서 자립을 위한 주거편의(住居便宜) 등을 제공하는 시설
③ 외국인보호시설 : 배우자가 대한민국 국민인 외국인 피해자등을 2년의 범위에서 보호하는 시설
④ 장애인보호시설 : 「장애인복지법」의 적용을 받는 장애인인 피해자등을 2년의 범위에서 보호하는 시설

이 법의 제9조의4에서는 사법경찰관리의 현장출동 등에 관하여 규정하고 있는데, 사법경찰관리는 가정폭력범죄의 신고가 접수된 때에는 지체 없이 가정폭력의 현장에 출동하여야 한다고 하여 출동 의무를 부여하고 있으며(동조 제1항), 출동한 경찰관에 대한 지침으로 다음과 같은 내용들을 명시하고 있다(「가정폭력방지 및 피해자보호 등에 관한 법률」 제9조의4).

○ 출동한 사법경찰관리는 피해자를 보호하기 위하여 신고된 현장 또는 사건 조사를 위한 관련 장소에 출입하여 관계인에 대하여 조사를 하거나 질문을 할 수 있다.
○ 가정폭력행위자는 사법경찰관리의 현장 조사를 거부하는 등 그 업무 수행을 방해하는 행위를 하여서는 아니 된다.
○ 출입, 조사 또는 질문을 하는 사법경찰관리는 그 권한을 표시하는 증표를 지니고 이를 관계인에게 내보여야 한다.
○ 현장출동 시 수사기관의 장은 긴급전화센터, 상담소 또는 보호시설의 장에게 가정폭력 현장에 동행하여 줄 것을 요청할 수 있고, 요청을 받은 긴급전화센터, 상담소 또는 보호시설의 장은 정당한 사유가 없으면 그 소속 상담원을 가정폭력 현장에 동행하도록 하여야 한다.
○ 조사 또는 질문을 하는 사법경찰관리는 피해자·신고자·목격자 등이 자유롭게 진술할 수 있도록 가정폭력행위자로부터 분리된 곳에서 조사하는 등 필요한 조치를 하여야 한다.

# 제 3 절 가정폭력의 유형

## 1. 남편의 아내에 대한 가정폭력

남편이 아내에게 행사하는 폭력 및 기타 가학적 행위들은 가정폭력의 가장 전형적이고 대표적인 유형이라고 할 수 있을 것이다.

이윤호(2008)는 Ferraro와Johnson(1983) 등이 피해여성에 대한 면접조사를 수행한 결과로 제시한 '학대적 관계를 유지하는 매 맞는 아내의 유형'을 소개하고 있는데, 일부 아내들은 다음과 같은 이유로 남편을 떠나지 않고 학대적 관계를 계속해서 유지한다고 한다(이윤호, 2008: 218).

- 구세주적 윤리관에의 호소 : 다른 사람에게 봉사하려는 여성의 욕구에 기초한 것으로, 남편 곁에서 남편의 폭력행위를 유발하는 원인으로부터 남편을 구하려고 노력하고자 하는 것 (내 남편 내가 구제하며 살아야지 별 수 있나...)
- 가해자의 부정 : 자신에 대한 폭력이 가해자가 통제할 수 없는 것이며 따라서 책임을 물을 수 없다는 것 (원래 그런 사람이 아니었는데, 술 때문에... 너무 심한 스트레스 때문에... 사고 때문에...)
- 손상의 부정 : 일부 매 맞는 아내는 자신의 피해를 인정하려고 하지 않으며 가능한 빨리 일상으로 돌아가려고 함 (빨리 잊고 다시 일상으로 돌아가려는 심리)
- 피해의 부정 : 때로는 매 맞는 아내가 자신이 보다 수동적이거나 고분고분 하는 등 뭔가 다르게 행동했더라면 이런 일이 일어나지 않았을 수도 있었을 것이라고 느끼는 등 자신을 원망하거나 비난함 (내가 좀 더 고분고분했더라면, 내가 그런 실수를 하지 않았더라면... 등 자신 스스로를 원망, 비난)

- 다른 대안의 부정 : 갈 곳이 없거나 자신을 지탱할 방법이 없거나 스스로 살아갈 방법이 없다고 느끼기 때문에 떠나지 못함 (당하고 살지만, 나를 도와줄 사람도 없고, 달리 피할 곳도 없으니 별 수 없지... 떠나면 내가 어떻게 먹고 살겠어... 사실 마음 줄 사람도 저 사람밖에 없는데...)
- 더 높은 충성심에의 호소 : 종교나 전통적 이유로 일부 여성은 비록 학대를 당하면서도 그들의 남편을 떠나지 않는 것이 의무(도리)라고 생각 (전통적 윤리관 내지 종교적 이유, 친정 부모님을 실망시키지 않고 싶은 마음, 자식에 대한 의무감 등으로 남편을 떠나지 않는 경우 등)

그러나 여성의 경제권이 증대되고 있는 요즈음에는, 남편을 떠남으로써 궁극적으로 폭력 남편과의 관계를 정리하는 경우가 많다.

남편의 폭력을 중지시키는 경우도 있을 수 있다. ① 대화를 통하여 위협하거나 수동적인 방어나 공격적 방어 등 개인적 방법으로 처리하거나, ② 자신의 가족, 친가나 시댁 가족, 이웃, 친구 또는 쉼터 관계자 등 비공식적 도움의 요청, ③ 경찰, 사회복지, 변호사 등 공식적 도움에 의존하는 것 등이 그 방안이 될 수 있을 것이다(L. H. Bowker, 1983: 131 ; 이윤호, 2008: 219에서 재인용).

## 2. 아내의 남편에 대한 가정폭력

남편의 실직, 경제적 무능력, 의기소침함, 신체적 열세, 건강 이상, 질병이나 장애, 가족 내에서의 소외나 불인정, 권위의 상실 등의 여러 가지 이유에서 비롯되는 아내의 남편에 대한 폭력·학대도 증가하고 있다고 한다.

또는 남편이 먼저 원인을 제공하여 즉각적 또는 추후의 폭력을 낳을 수도 있다. 예컨대, 젊어서 아내를 무시하거나 폭력을 행사하거나 또는 불륜을 저지르는 등으로 아내를 괴롭히다가, 나이가 들고 체력이 쇠약해진 후에는 오히려 남편이 학대를 당하게 되는 수도 있는 것이다. 또는 일종의 위법성의 조각과 관련해서도 문제가 될 수 있겠는데, 폭력을 행사하는 남편에 저항하거나 방어하는 과정에서 아내가 남편에게 물리적으로 역공격하는 등의 폭력을 행사하게 될 수도 있을 것이다.

실제로 여자교도소에 수감 중인 여성 수형자 중 많은 수가 자신의 범행 이유와 관련하여 남편의 학대가 문제가 된 것이라고 답하고 있으며, 이 중 남편을 살해하여 수감하게 된 자들도 상당한 것으로 보고되고 있다.

## 3. 부모의 자녀에 대한 가정폭력

가정 내 폭력은 자녀들의 일탈행위와 관계가 있다는 점에서도 중요하다. 자녀들에게 지나치게 신체적으로 억압하거나 감정을 상하게 하고 그들의 주장을 무조건 반대하는 것은 범죄행위와 매우 밀접한 관계를 갖게 한다. 사회에서 나타나는 폭력은 파악할 수 있고 통제가 가능하다. 그러나 가정 내의 폭력은 파악하기가 어려우며 통제가 불가능하다. 그럼에도 불구하고 가정 내의 폭력을 다루는 데 있어 어려운 문제는 가정의 신성한 감정과 프라이버시에 관한 법적인 문제와 사회적인 인식 때문에 더욱 어렵다고 본다(이상현 외, 2012: 207).

자녀에 대한 학대는 가혹한 체벌을 가하는 등의 물리적 폭력 외에도, 무시·냉대하는 등의 심리적 학대, 방치하거나 유기하는 행위, 성적인 학대 등이 망라될 수 있다. 자녀에 대하여 부모는 보호의무를 지는 건전한 양육의 주체라는 점에서 자녀에 대한 가정폭력은 특히 심각한 문제라 할 것이며, 자녀가 아동일 경우 스스로를 보호·구제하거나 도움을 요청할 능력이 매우 미약하므로 건전한 성장에 큰 저해가 발생할 수 있다. 단순히 양육의무를 저버리거나 보호를 포기하는 수동적 행위만으로도 자녀에게는 큰 상처와 충격이 될 수 있는 등 자녀에 대한 폭력·학대는 매우 손쉽게 발생될 수 있다는 특징이 있다. 도움을 제공해야 할 주체인 부모가 폭력을 행사하는 것은 있어서는 안 될 중대한 범죄행위라 할 것이다.

또한 학대를 경험하며 성장한 아동은 성인이 된 후 자신도 폭력을 행사하는 경향이 큰 것으로 알려져 있는데, 피해자가 가해자로 전환되는 이러한 문제를 고려하면 자녀에 대한 폭력은 그 심각성이 더욱 크다고 할 것이다.

## 4. 자녀의 부모에 대한 가정폭력

자녀의 부모에 대한 폭력은 ① 발로 차고, 들어 던지고, 칼이나 기타 도구로 상처를 내는 등 신체에 대한 폭력, ② 다락문이나 가구, 창을 부수는 등의 물건에 대한 폭력, ③ 온갖 욕설을 퍼붓는 언어에 의한 폭력으로 나누어진다. 이 중에서 신체에 대한 폭력과 언어에 의한 폭력은 그 대상이 모친인 경우가 많다. 모친에 대한 폭력이 많은 것은 다음과 같은 이유 때문이다(이상현 외, 2012: 212).

첫째, 평소에 자택에 있는 시간이 모친이 많다는 것, 둘째, 부친에 대하여는 더욱 환상적인 권위를 인정하고자 하는 자세가 있다는 것, 셋째, 모친이 육아나 예절교육, 교육의 중심적 담당자가 되는 일이 많아 자기가 이와 같이 욕구충족이나 자기표현이 저지되어 있는 것은 모친 때문이라고 생각하기 쉽다는 것, 넷째, 쉽게 의존할 수 있는 것은 모친이라는 의식이 작용하고 있다는 것 등의 이유를 생각할 수 있다(이상현 외, 2012: 212). 이 이외에도 남편이 아내에게 함부로 대하고 무시하는 것을 보면서 성장한 자녀가 자연스럽게 모친을 무시하게 되는 경향이 있을 수 있다는 점, 아무래도 모친이 자녀의 생활에 각종 조언을 더 많이 하게 되는데, 이러한 조언·충고들이 불쾌한 잔소리로 여겨져서 갈등이 일어나기 쉬운 점, 자녀 용돈 문제 등 가정 경제 관련 책임을 모친이 담당하는 경우가 많기 때문에 금전적 갈등에서 불거진 폭력이 발생할 여지가 큰 점 등이 그 이유로 제시될 수 있을 것이다.

장성한 자녀가 연로한 부모에 대하여 폭력과 학대를 행할 수 있는 유형은 매우 다양한데, 실제로 물리적 폭력을 행사할 수도 있으며, 언어적·심리적으로 학대하는 경우도 있다. 특히, 거동이 불편한 노부모에 대하여는 단순히 방치하거나 유기하는 행위만으로도 심각한 학대행위가 될 수 있다. 치매노인에 대한 자녀의 학대 증가도 심각한 사회문제로 떠오르고 있으며, 재산 증여 및 유언장 작성, 상속 문제 등 재산 문제를 둘러싸고 발생하는 부모에 대한 갈취·사기 등의 각종 학대도 천륜을 저버린 범죄로 사회에 충격을 주고 있다.

## 5. 기타

### 1) 형제·자매 간의 가정폭력

형제·자매 간에도 의견 대립, 재화의 분배 문제, 가정 내에서의 임무, 역량의 격차 등에서 비롯되는 스트레스 등으로 인하여 각종 폭력·학대 등의 대립이 발생하고 있다.

### 2) 자신에 대한 폭력

천정환·이동임(2012)은 자기 자신에 대한 폭력도 가정폭력의 범주에 포함시키고 있는데(천정환·이동임, 2012: 46), 스스로를 학대하는 행위의 결과나 그 과정으로 인하여 다른 가족이 많은 스트레스나 상처를 경험하는 등 유형적·무형적 피해를 받을 수 있다는 점 등을 그 이유로 들고 있다.

### 3) 기타 가족구성원 간 가정폭력

원래 가족은 아니지만 같이 거주하는 배우자의 부모와 배우자의 혈족 또는 같이 거주하는 양육위탁 된 사람은 기타 가족구성원이 되며, 또한 같이 거주하지 않아도 배우자의 부모 등도 확대된 가족구성원으로 볼 수 있다(천정환·이동임, 2012: 46). 유학 온 조카, 먼 친척을 위탁하고 있는 경우 등에는 이렇듯 기타 가족구성원 간 폭력·학대 문제가 발생하는 경우가 있을 수 있다.

# 제 4 절 가정폭력의 특징

## 1. 피해의 확산

가정폭력은 그 피해가 직접적인 피해자 개인에게만 한정되지 않고 확산되는 특징이 있다. 예컨대, 남편이 아내에 대하여 행사한 폭력의 경우에도 피해자인 아내뿐만 아니라 자녀와 가해자인 남편에게도 신체적, 심리적, 사회적 상처를 준다.

피해를 입은 아내는 신체적 피해는 물론 공포, 혼란, 무력감, 자기결정능력의 상실 등과 같은 심리적 피해와 일자리가 있는 경우 작업수행능력의 저하와 사회적 고립과 같은 사회적 피해도 입게 된다. 자녀의 경우도 이에 못지않게 신체적, 심리적, 사회적 피해를 입는다. 유산, 태안손상 등의 신체적 피해, 불안, 부에 대한 증오심, 집중력 저하로 인한 학습저하, 공격적 성격, 의기소침 등의 심리적 피해, 가출, 비행집단에의 가입, 폭력의 세대전이 등 사회적 피해가 그것이다. 가해자인 남편도 상해, 보복의 위험 등 신체적 피해, 가족으로부터 고립과 같은 심리적 피해, 방황, 음주, 가족상실 등과 같은 사회적 피해를 입는다. 또한 가족 전체가 가족해체와 같은 커다란 피해를 입는 경우도 있다(임상곤, 2006: 506).

## 2. 은밀성

사적인 공간 내에서 이루어지기 때문에 외부에서 알기 어렵고, 개입이 어렵다. 피해자 입장에서도 수치스럽다거나 집안 망신이 된다든지 등의 이유로 적극적으로 알리지 않고 넘어가는 경우가 많아서 더욱 은폐된다.

## 3. 반복성

습관적으로 반복되기 마련이고, 쉽게 고쳐지지 않는다. 반성·후회를 하는 것 같아 보여도, 일시적일뿐이며, 다시 재발하여 폭력을 행사하게 되는 수가 많다. 생물학적, 인성적 요인, 또는 알코올이나 약물 중독의 문제와 관련된 경우 중단은 더욱 어렵다고 할 것이다.

## 4. 폭력성향의 대물림

유아기에 학대를 경험하거나 보면서 자란 아이는 성장 후 마찬가지로 공격적이 되기 쉽다. 여러 가지 이유가 있을 수 있는데, ① 우선 부모의 학대나 냉대, 방치로 인하여 인성 교육 등 제대로 된 가정교육을 못 받은 영향이 있을 수 있다. ② 또한 부모의 폭력행위가 본보기가 되고, 자녀에게 학습되어 성장 후 갈등 문제 해결의 수단으로 쉽게 폭력을 택하게 될 수 있다. ③ 억울함, 분노 같은 감정이 어려서부터 자리 잡은 탓에 성격이 예민하고 긴장 수준이 높아서 성장 후 쉽게 폭력을 행하기도 한다.

## 5. 개입의 곤란

개인의 사적 영역으로 간주되어 외부의 공식적·비공식적 개입이 지양·터부시되어온 경향이 있었다. 심지어 가정폭력의 피해자를 구조해준 경찰에게 오히려 '왜 우리 가족을 잡아가느냐'며 항의했다는 사례도 많다.

그러나, 기존에 단순한 가정사로 취급하던 가정폭력의 문제에 대해서 최근에는 점차 법적·사회적 문제로 인식하려는 경향이 커지고 있으며, 경찰 등 국가기관의 개입 수준도 높아지고 있다.

## 제 5 절 가정폭력의 진행과정

이인혜(2005: 252-253)는 가정폭력에서 남자와 여자가 어떻게 해서 폭력의 악순환에 빠지는가에 대한 웨스트(West)의 견해를 소개하였는데, 그 과정은 다음과 같다.

먼저 최초의 단계인 '긴장형성의 단계'는 가벼운 구타가 발생되는 단계로, 여자는 폭력이 다시 발생하지 않도록 하기 위하여 암자에게 더 허용적이며, 남자의 욕구를 예상하고 노력하며 남자를 즐겁게 하려고 애쓴다. 두 번째 단계인 '구타 단계'에서는 심각한 구타가 발생하는 단계로 여자는 남자를 즐겁게 하려는 노력이 더 이상 효력을 발휘하지 못한다는 것을 알게 되며, 더 이상 남편의 구타를 통제할 수도 예측할 수도 없게 된다. 남자는 여자를 가르치려 들고 여자가 충분히 고통을 받았다고 판단되면 구타가 중단된다. 최종 단계인 '후회 및 화해 단계'에서는 잠시 동안 구타가 없는 달콤한 기간이 나타난다. 남자는 여자에게 친절하고 애정적이며 미안해하고, 다시는 때리지 않겠다는 맹세를 한다. 이러한 기간이 몇 주나 몇 달 동안 계속되면 여자는 자신이 남자의 폭행의 심각성을 과대평가했다는 생각을 하게 된다. 그러나 이전의 폭행을 촉발했던 것과 유사한 긴장이 재등장하게 되면, 남자는 다시 통제력을 상실하고 여자는 지난번보다 더 많이 맞게 된다(천정환·이동임, 2012: 47).

알퍼트(Alpert)는 가정폭력의 진행과정을 구타충동이 일어나는 시기(사소한 내용을 가지고 짜증을 내는 경우가 대부분이다), 때릴 구실을 마련하는 시기(구타의사가 있으면 이를 실행에 옮기기 위한 빌미를 제공받기 위해 여러 방법을 동원한다), 구타발생 시기(다양한 수단을 통해 여성에 대한 구타가 진행된다)로 나누었다(천정환·이동임, 2012: 47).

# 제 6 절 가정폭력의 원인

## 1. 가정폭력이 빈번히 발생하는 이유

어찌 보면 가정은 폭력이 발생할 수 있는 여러 가지 좋은 여건을 갖추고 있다고도 볼 수 있다. 가정폭력이 빈번하게 발생하게 되는 이유를 살펴보자면 다음과 같다.[1)]

① 공유하는 시간이 많다 - 그만큼 불화나 대치의 기회가 많다.

② 공통된 관심사의 폭이 넓고, 사안이 중요한 것들이다 - 양육, 친척관계, 일자리 관계 등 의사소통이 되어야 될 부분들이 많고, 이 사안들은 대개 매우 중요한 것들이다.

③ 영향력을 행사하려 한다 - 부모는 아이에게, 남편은 아내에게 자신의 요구에 따르기를 기대한다.

④ 연령과 성(性)에 따른 본질적인 차이가 있다.

⑤ 구성원의 역할이 다르다 - 서로 다른 역할을 수행하는 것에 대한 이해부족은 다툼으로 이어지기도 한다.

⑥ 가족은 사적인 집단이다 - 이 때문에 가족 간의 다툼에는 외부의 개입이 소극적이다.

⑦ 자발적 구성 집단이 아니다 - 가족은 되고 싶어서 되는 것이 아니고, 탈퇴하고 싶다고 탈퇴할 수 없는 만큼, 다툼을 해가면서라도 함께 할 수 밖에 없는 사정이 있다.

⑧ 스트레스가 많다 - 가족의 변화의 매순간마다, 질병・실직・사고 등으로 인한 심각한 스트레스가 발생하게 되고, 이는 다툼으로 이어질 수 있다.

⑨ 때로는 폭력이 규범적으로 용인되기도 한다 - 전통적으로 자녀에 대

---

1) 이 내용은 이윤호(2008: 210-211)가 소개한 Straus와 Gelles의 연구 내용을 토대로 우리 사회・문화적 성격에 적합한 내용을 발췌하여 재정리한 것임.

한 체벌 등에 있어서 폭력을 상당히 받아들이는 문화적 규범이 존재한다.

이 이외에도 (i) 가족끼리는 서로 잘 알고 있기 때문에 피해자가 어느 정도의 학대와 폭력을 용인할 것인지에 대해서 미리 잘 알고 있다는 점, (ii) 체격이나 체력상의 이유로 아동, 아내 등 가정폭력의 주된 피해자들이 스스로를 성공적으로 방어하거나 응징할 능력이 부족하거나 없다는 점 등도 가정폭력이 빈번히 발생되는 이유가 될 수 있다(이윤호, 2007b: 137).

## 2. 가정폭력의 설명이론

### 1) 자원이론 (Resource Theory)

특히 하류계층의 가족은 그들의 목표를 달성할 자원이 부족하기 때문에 더 많은 가정폭력을 경험할 수밖에 없다. 권한, 돈 그리고 특전 등 자신의 직업생활에서 거의 통제력을 가지지 못하게 되면 사람들은 외부에서는 거의 존중을 받지 못하고 가정에서도 그로 인하여 더 많은 좌절감을 느끼게 되지만 이 좌절감을 해소할 수 있는 자원은 거의 없기 때문에 이처럼 자원이 없는 가정일수록 폭력적일 가능성은 높아진다고 한다(W. Goode, 1971: 624-636 ; 이윤호, 2008: 221에서 재인용).

### 2) 교환/통제이론 (Exchange/Control Theory)

학대의 교환 가치로서의 보상은 발생하고, 이에 대한 사회적 통제의 위험은 적다면, 가정폭력이 발생하기 쉽다는 것이다.

사람들은 가족 구성원을 학대할 수 있기 때문에 학대한다. 누구로 하여

금 무엇을 하지 못하게 하고, 복수로서 누구에게 고통을 안겨주고 다른 사람의 행위를 통제하고 또는 권력을 가지는 등 다른 사람을 학대함으로써 보상을 받을 수 있다. 이에 반하여 가정폭력은 거의 발각되지 않아 처벌되지 않으며 따라서 가정폭력의 위험성이나 비용은 그리 크지 않다(R. J. Gelles, 1983: 1-8 ; 이윤호, 2008: 221에서 재인용).

### 3) 스트레스론

스트레스 이론가들은 재정적인 문제, 실직, 질투심, 음주, 임신, 자녀문제, 상대적인 사회적 지위 차이 등의 스트레스 요인들이 폭행과 직접적인 연관성이 있다고 한다. Farrington은 가정폭력과 일반적인 스트레스 이론을 관련지어 설명하고 있다. 가정 내 폭력은 한 개인이 스트레스를 받고 있거나 인격이 부족한 경우, 이러한 갈등을 완화시킬만한 대응책을 찾지 못했을 때 야기되기 쉽다고 한다(한국여성개발원, 1993 ; 박정문 · 최영선, 2000: 325에서 재인용).

### 4) 가부장제 이론

페미니스트들에 의해 등장한 이론이다. 오랫동안 아내학대가 가정 안에 은폐되어 올 수 있던 것은 남성이 여성에 대하여 우월적 권위와 지배권을 가진다는 가부장제로 이해될 수 있다. 페미니스트들은 가부장적 사회에서의 사회적 성(gender)과 사회구조의 특성에 초점을 맞추어, 폭력을 형성하는 사회적 힘과 여성억압에 대한 함축적 의미를 연구하였다(박정문 · 최영선, 2000: 325). 특히 자본주의 산업사회 구조 하에서 남성은 지배계급, 여성은 피지배계급으로 간주되며, 지배계급으로서의 남성이 피지배계급으로서의 여성을 억압하는 방편으로 가정폭력이 활용된다고 볼 수 있다는 것이다.

# 제 7 절 가정폭력에 대한 대응

## 1. 피해자 입장에서의 대응

적극적으로 문제를 알리고 해결하려는 의지가 필요하다. 국가기관에 공식적인 지원을 요청하는 것이 조심스럽다면, 주변 친지, 이웃에게라도 알려서 최악의 상황을 피하도록 해야한다. 스스로 폭력을 중단시키거나 설득을 시키는 것은 매우 어렵기 때문에, 일단 회피하고 추후에 문제해결을 하는 것도 방법이다. 가정폭력은 매우 반복적·지속적으로 행해지기 때문에 이번 한번만 넘어가면 문제가 해결될 것이라고 기대하기는 어려우며, 신고나 치료 등 공식적 대처를 하는 것이 궁극적 문제해결 방법이 될 수 있다. 신고전화, 상담전화를 휴대전화 등에 입력하여두고 대비하는 것도 도움이 될 수 있다.

## 2. 가해자 입장에서의 대응

평상시 중독성향이 있는지 냉철하게 인식하는 것이 중요하다. 평상시에는 가족에 대한 원망·미움이 없다가도 술이나 약물에 취하면 폭력성향이 나타나거나 가족에 대한 분노가 발현되는 경우가 많으므로, 그러한 성향을 냉철하게 인지하고 원인되는 행위를 하지 않는 노력이 중요하다. 궁극적으로는 폭력성향, 중독성향 등 문제적 인성을 스스로 치료하려는 의지와 노력이 중요하다.

## 3. 가족 전체적 입장에서의 대응

가족 관계는 모두가 자발적으로 원해 형성된 것은 아니기 때문에 모든 가정이 항상 긍정적인 기능만을 제공할 것이라는 믿음은 사실 오류가 있다. 그렇기 때문에 국가와 지역 사회가 역기능적인 가정의 빈자리를 메우려는 노력이 절실하다. 부정적인 기능이 큰 가정 임에도 굳이 가정은 끝까지 유지돼야 한다는 신념은 더 큰 화를 부를 수 있다.

제3자적 입장에 있는 가족 구성원도 가정폭력을 방관하지 말고, 적극적으로 신고하고 치료·재범방지 교육을 유도하는 것이 진정한 가족으로서의 도리이고, 가족 사랑을 행하는 방법이라는 것을 인지해야 한다. 마냥 감싸기보다는 조기에 적절한 교육을 받게 하는 것이 오히려 진정한 가족으로서의 도리일 것이다.

## 4. 지역사회 및 이웃 입장에서의 대응

초기 적극적인 신고도 중요하다. 가정폭력 범죄는 갑자기 발생한다기보다는 상대적으로 덜한 강도의 범행으로 시작돼 중대한 범죄로 번져가는 것이 일반적이며, 주변 이웃들은 다투는 소음, 이웃 가족의 상처 등 외관 모습 등을 통해 이웃 가정의 문제를 평상시에 인지하고 있는 경우가 대부분이다. 신고의 의무가 있는 것도 아니고, 타인의 삶의 영역에 개입한다는 것은 매우 번거로운 일일수도 있으나, 지역사회의 책임 있는 일원으로서의 의식을 가지고 신고, 지원을 돕는 자세가 필요할 것이다.

## 5. 정부 차원의 대응

### 1) 경찰의 대응

가족 간 특히 부부간의 언쟁과 분쟁은 비교적 경찰개입의 보편적 대상이라고는 할 수 없다. 가족분쟁은 순찰경찰에게 할당되는 임무 중 가장 빈번한 형태라고 할 수 있으나 동시에 경찰관이 가장 좋아하지 않는 일 중의 하나이다. 가족분쟁은 때로는 매우 위험하며, 대개의 경우 해결도 어렵다고 한다. 가정폭력을 다룬 경험이 있는 많은 경찰관이 가족분쟁의 화를 경찰관에게 표출하는 상황을 경험하고 있다(이윤호, 2006: 276).

이러한 상황에 대처하기 위하여 1970년대 미국에서는 경찰이 가정폭력이나 분쟁을 다루는 데 필요한 위기개입과 갈등관리의 기술을 개발하려는 노력을 경주해 왔다. 경찰관들이 상담기술을 훈련받고, 문제해결을 위한 처우를 받을 수 있는 적절한 사회기관으로의 위탁절차 등도 마련되었다. 일부 대규모 경찰서에서는 일선 경찰관들로부터 이러한 부담을 덜어주기 위하여 위기개입부서를 설치하기도 하였다. 그러나 일반적으로 가족구성원을 사법제도보다는 건강, 복지, 사회제도로 전환사키는 것을 강조하였다(Cordner and Sheehan, 1999: 405 ; 이윤호, 2006: 277에서 재인용).

### 2) 의료적 지원

피해자에 대한 치료적 지원도 물론 중요하겠지만, 문제의 재발 방지를 위하여 가해자에 대한 치료도 중요하다. 알코올 중독이나 약물 중독이 원인 중 일정 부분 이상을 차지하는 경우에는 원인이 되는 이러한 알코올 중독이나 약물 중독에 대한 치료도 병행하여야 한다. 충격과 상처를 받은 자녀 등에 대한 의료·복지적 관심도 놓쳐서는 안 된다.

### 3) 복지적 지원

대개 갈등이 많이 발생하는 가정에서 가정폭력의 문제가 많이 발생하는데, 빈곤하여 생계가 곤궁한 가정이 여러 가지 갈등 소지를 많이 노정하고 있기 마련이다. 기본적 생활이 어려워서 가정 내 스트레스가 위험 수준에 이를 정도인 가정에 대하여 복지적 지원이 반드시 필요하다.

가정폭력으로 부(父) 또는 모(母)가 처벌되어 일시적 결손이나 생계 곤란 등이 발생한 가정에 대한 지원도 놓쳐서는 안 된다.

### 4) 학교 차원의 대응

아동이 가정 내에서 학대를 당하고 있지 않은가 하는 것을 확인하고 관심을 가지는 것도 일선 학교 현장의 책무 중 하나이다. 지나치게 우울해하거나 의기소침해 있지는 않은지, 딴 생각이 많지는 않은지, 일상적인 물음에 잘 대답을 못 하지는 않는지, 급작스럽게 차림이나 위생상태 수준이 낮아지지는 않았는지, 갑자기 성적이 떨어지지는 않는지 등 외관과 태도 요소들을 종합적으로 관심을 가지고 확인하여야 한다.

현장 교사들의 과도한 행정 업무 등으로 본연의 학생 지도 기능이 다소 미흡한 듯 한 교육 현장의 현실이 아쉽다. 교사가 본연의 학생 지도에 더욱 관심을 가질 수 있다면, 학대받는 아동·청소년을 확인하여 조기 개입할 여지가 확대될 수 있을 것이다.

### 5) 홍보·캠페인 노력

정부나 지방자치단체, NGO나 일반 기업 등에서도 가정 폭력을 근절하고 예방하기 위한 홍보·캠페인을 지속적으로 하는 것도 장기적인 관점에서 대안의 하나가 될 수 있을 것이다. 폐해를 인식시키는 캠페인, 처벌의 두려움을 경고하는 캠페인, 측은감 및 죄책감을 자극하는 감성적 캠페인 등이 모두 검토될 수 있을 것이다.

# 제3장 조직범죄[2)]

## 제 1 절 조직범죄의 의미

조직범죄의 개념을 정의하는 일은 상당히 복잡하고 어려운 일이 될 수 있다.

첫째, 범죄조직이 행하는 여러 행위들 중 무엇이 범죄이고, 어디서부터는 합법적인 행위인지 구분하는 것이 쉽지 않기 때문이다. 합법적인 사업 영역을 통하여 확보한 자금으로 불법적인 범죄를 저지르거나, 또는 반대로 불법적인 영역에서의 활동을 통하여 합법적인 사업에 투자하여 활동하는 경우, 어디까지가 범죄이고 어디서부터는 합법적인 사업인지 구분하기가 매우 어려울 것이다.

둘째, 범죄조직 구성원들의 다양한 행위 중 과연 어느 것이 범죄라 할 수 있을 것인지도 구분이 쉽지 않다. 조직범죄집단은 역할을 분업화하여 담당·실행하는 특징이 있다. 누군가는 실제 범죄를 실행하고, 누군가는 망을 보고, 누군가는 자금을 지원하고, 누군가는 증인과 목격자, 피해자에 대한 입막음을 하고, 누군가는 증뢰, 권력자 매수 등을 통해 사건 무마·축소를 시도한다. 누군가는 상시적으로 이러한 행위를 잘 수행할 것 같은 새로운 인력을 수급·조달하고, 누군가는 국내외의 다른 세력들과의 연계를 통해 집단의 힘을 키우고 세를 불리며 위세를 과시하며, 누군가는 집단의 신 성장 동력에 해당한다고 할 수 있는 새로운 활동무대나 새로운 자금

2) 조직범죄론(김우준, 진영사, 2013)의 내용을 발췌·요약하여 재정리한 것임.

원을 탐색한다. 또 누군가는 이러한 전체적 과정의 밑그림을 그리고 계획을 수립한다. 과연 어떠한 행위까지를 '조직범죄'라고 할 수 있을 것이며, 누구의 죄가 더욱 중한 조직범죄에 해당한다고 할 수 있을 것인가.

셋째, 어떠한 학술적인 개념이 정립되기 위하여서는 학자들의 연구에 대한 관심이나 국가·사회적인 관심의 환기가 필요하기 마련인데, 조직범죄의 연구에 대하여서는 이러한 관심이 비교적 적다고 할 수 있다. 학계의 관심이나 국가·사회적 필요가 증진되려면, 기본적으로 국민적인 관심이 증진해야 한다. 그런데, 이 조직범죄와 관련하여서는 국민적 우려·관심이 증가하는 것이 쉽지 않다. 어느 공직 후보자가 선거나 청문회에 임하여 조직범죄의 척결을 다짐하는 것을 들어본 적이 있는가. 이는 조직범죄는 일반 국민의 입장에서 관심사 우선 순위에서 후순위에 있는 문제라는 것이고, 결국 개선을 위한 목소리에 힘이 크게 실리지 않는다는 것이다. 왜 그럴까. 조직범죄는 일반 국민들에게 직접적이고 피부로 느껴지는 위협이 아니기 때문이다. 학생과 학부모 입장에서 학교폭력에의 노출은 피해자가 회피·예방하려고 노력을 해도 항상 그 위험 하에 놓여있다. 귀가길 여성 입장에서 성폭력의 위험은 아무리 노력해도 쉽게 떨칠 수 없는 것이다. 소매치기나 가택침입 절도도 일상적으로 생계활동·경제활동을 영위하고 사는 일반 시민들에게 상존하는 스트레스로 작용한다. 그렇지만 조직범죄의 경우는 어떠한가. 일반 시민들은 조직범죄는 영화 속에나 존재하며, 그들의 영역이 굳이 침투하지 않는 한 나의 삶과는 접점이 없을 것이라고 여긴다. 물론 TV, 신문 기타 언론매체에 비치는 조직범죄는 매우 공포스럽지만, 나와는 별 관련이 없는 일이라고 여긴다는 것이다. 유흥·향락업소나 사행성업소에서 생계활동을 하거나, 유흥·퇴폐업소에 수시로 드나드는 사람이 아니면, 태어나서 죽을 때까지 실제의 조직폭력배를 한번 보지도 못하는 사람도 많을 것이다. 이러한 이유로 조직범죄는 일반 시민들에게 큰 관심사가 되지 못하며, 나아가 국가·사회적으로도 관심이 비교적 적으며, 학계에서도 이 분야의 연구가 크게 활성화되고 있지 못한 실정에 있다는 것이다. 이런 이유로 아직까지 조직범죄에 대한 정치된 학술적 개념이 정립되지 못하고 있는 것으로 여겨진다(김우준, 2013: 15-17).

그럼에도 불구하고, 각종의 선행연구들을 토대로 조직범죄의 정의를 내려볼 필요가 있다.

Sage범죄학사전(2006: 280)에서는 조직범죄란 미국에서 1920년대에 출현되어서 현재 전 세계적으로 사용되는 개념으로 불법적인 시장에 재화 또는 용역을 제공하기 위하여 다수 구성원이 협력적으로 생산, 공급, 자금조달 등의 활동을 이어가는 통제하기 어려운 중대하고 심각한 범죄를 의미한다고 한다.

이윤호(2008: 285)는 조직의 공동의 목적과 위계질서 등과 같은 조직성의 특징을 지닌 범죄 집단에 의한 범죄를 조직범죄라고 하였다. 더 구체적으로는 2인 이상이 장기간 또는 불확정한 기간 동안 분업적으로 영업적 또는 사업적 구조 하에서, 폭력을 행사하거나 위협을 가할 수 있는 다른 수단을 이용하여, 정치, 언론, 관계나 경제계에 영향력을 행사하면서, 개별적 또는 집단적으로 중요한 의미가 있는 범죄행위를 이윤이나 권력의 추구를 목적으로 계획적으로 범하는 것이라고 할 수 있다고 하였다.

이상현(2012: 289)은 조직범죄의 공통적인 성격은 집단성원에 의한 범죄행위가 그 집단의 성립 및 존속에 밀접하게 관련되어 있는 것이라고 전제한 뒤, 조직범죄에 대한 정의는 집단으로서의 조건뿐만 아니라 범죄활동과 집단 및 집단성원과의 관계를 설정해야 한다고 보았다. 구체적으로는 다음의 내용이 포함된다고 보았다.

① 조직범죄는 불법적인 행위를 계획하고 실행하거나 불법적인 수단에 의하여 합법적인 목표를 추구하는 사람들로 구성되어 계층적인 구조가 확립되어야 한다.

② 조직범죄는 경제적·정치적 이익의 추구를 그 목표로 한다.

③ 조직범죄는 경험, 관습에 의하여 관계자나 피해자를 효과적으로 통제하고 구성원을 훈련시켜 연속성 및 지속성을 가져야 한다.
④ 조직범죄라도 범죄의 일종인 이상 형사법의 위반행위를 할 것이 요구된다. 조직범죄는 불법적인 행위를 계획하고 실행하거나 불법적인 수단에 의하여 합법적인 목표를 추구하는 사람들로 구성되어 계층적인 구조가 확립되어야 한다.

강맹진(2011: 144)은 조직범죄란 일반적으로 불법적 활동을 통해 이득을 추구하고 위협이나 무력을 사용하며 법집행을 면하기 위해 부정부패를 이용하는 일정한 집단에 의한 범죄로써, 다수의 사람들이 일정한 목적을 가지고 구성한 계속적이고 체계적인 결합체인 조직의 구성원이 조직의 힘을 이용하거나 이를 수단으로 하여 범하는 범죄하고 보았다. 더 구체적으로는 2인 이상이 장기간 또는 불확정한 기간 동안 분업적으로 영업적 또는 사업적 구조를 가지고 폭력을 행사하거나 위협을 가할 수 있는 다른 수단을 이용하여 정치·언론·관계나 경제계에 영향력을 행사하면서 이윤이나 권력의 추구를 목표로 하여 계획성을 띠고 개별적 또는 집단적인 범죄행위를 행하는 것이라고 보았다.

김용준(2011: 457)은 조직범죄를 한 사람 이상의 범죄자가 불법적인 행위를 할 목적으로 서로 공모하여 그런 상태로 계속 존속하는 범죄를 말한다고 보았다.

이러한 견해를 종합하여 조직범죄에 대하여 정의를 내려 보자면, 조직범죄란, 대중적 수요가 존재하는 재화와 용역 분야에서 이익을 얻기 위하여 폭력을 비롯한 불법적 방법을 사용하며, 뇌물제공 등 회유·협박을 통하여 일상적으로 법적 책임을 면하려는 시도를 하는 지속적이고 위계질서를 갖춘 불법 목적의 조직체나 그 구성원에 의하여 저질러지는 범죄를 의미한다고 할 수 있을 것이다(김우준, 2013: 17-18).

## 제 2 절 우리나라의 관련 법규

범죄조직의 결성 및 가입과 관련된 우리나라의 법규를 검토하기로 하겠다.

범죄단체를 결성하거나 이에 가입하는 행위, 가입을 강요하거나 권유하는 행위, 나아가 금품을 모집하여 지원하는 행위 등만으로도 처벌의 대상이 되는 범죄행위가 된다. 이에 대하여 「폭력행위 등 처벌에 관한 법률」에서 규정하고 있다.

우리 법체계는 집단적 또는 상습적으로 폭력행위 등을 범하거나 흉기 그 밖의 위험한 물건을 휴대하여 폭력행위 등을 범한 자 등을 처벌하기 위하여 「폭력행위 등 처벌에 관한 법률」을 제정하여 두고 있는 바, 이 법 제4조와 제5조 등에서 범죄단체의 구성, 범죄단체에의 가입, 구성원으로 행한 활동 등을 처벌할 수 있는 근거를 마련해두고 있다.

즉, 「형법」상의 폭행, 협박, 주거침입 내지 퇴거불응, 재물손괴, 존속폭행, 체포 내지 감금, 존속협박, 강요, 상해, 존속상해, 존속체포, 존속감금, 공갈 등의 죄를 상습적으로 범하거나(「폭력행위 등 처벌에 관한 법률」 제2조 제1항), 단체나 다중의 위력으로써 또는 단체나 집단을 가장하여 위력을 보임으로써 또는 흉기 기타 위험한 물건을 휴대하여 이상의 죄를 범한 자 등을 가중 처벌하도록 규정하고 있다(「폭력행위 등 처벌에 관한 법률」 제3조 제1항).

「폭력행위 등 처벌에 관한 법률」 제4조(단체 등의 구성·활동) 제1항에서는 이상에 나열한 범죄들을 목적으로 단체 또는 집단을 구성하거나 그러한 단체 또는 집단에 가입하기만 하더라도 처벌할 수 있도록 하고 있는데, 가담의 정도에 따라 ① 수괴일 경우, 사형, 무기 또는 10년 이상의 징역, ② 간부는 무기 또는 7년 이상의 징역, ③ 그 외의 가담자는 2년 이상의 유기징역에 처하도록 하고 있다(「폭력행위 등 처벌에 관한 법률」 제4조 제

1항).

범죄단체 또는 집단을 구성하거나 그러한 단체 또는 집단에 가입한 자가 단체 또는 집단의 위력을 과시하거나 단체 또는 집단의 존속·유지를 위하여 ①「형법」상의 공무집행방해죄, 공용서류 등의 무효·공용물의 파괴의 죄, 살인, 촉탁 내지 승낙에 의한 살인 등, 위계 등에 의한 촉탁살인, 살인 예비·음모, 업무방해, 경매 내지 입찰의 방해, 강도, 특수강도, 준강도, 약취강도, 강도상해 내지 치상, 강도강간, 해상강도, 해상강도상해 내지 치상, 강도의 상습범, 강도의 예비·음모 등의 죄 등을 범하거나, ②「형법」상의 폭행, 협박, 주거침입 내지 퇴거불응, 재물손괴, 존속폭행, 체포 내지 감금, 존속협박, 강요, 상해, 존속상해, 존속체포, 존속감금, 공갈 등의 죄를 상습적으로 범하거나, 단체나 다중의 위력으로써 또는 단체나 집단을 가장하여 위력을 보임으로써 또는 흉기 기타 위험한 물건을 휴대하여 이상의 죄를 범한 경우, 본래 죄에 대한 형의 장기 및 단기의 2분의 1까지 가중하도록 하고 있다(동법 제4조 제2항).

나아가, 타인에게 범죄단체 또는 집단에 가입할 것을 강요하거나 권유하기만 해도 처벌(2년 이상의 유기징역)할 수 있도록 규정하고 있으며(동법 제4조 제3항), 범죄단체 또는 집단을 구성하거나 그러한 단체 또는 집단에 가입하여 단체 또는 집단의 존속·유지를 위하여 금품을 모집하기만 해도 처벌(3년 이상의 유기징역)할 수 있도록 하고 있다(동법 제4조 제4항).

한편 우리 대법원은 범죄단체의 성격과 관련하여, "「폭력행위 등 처벌에 관한 법률」 제4조에 규정된 범죄단체라 함은 폭력을 내용으로 하는 각종 범죄를 행한다는 공동목적 아래 특정다수인에 의하여 이루어진 계속적이고 최소한 통솔체제를 갖춘 조직체를 의미하고, 또 폭력 범죄단체로 인정하여 처단하기 위하여는 일정한 범죄를 저지르거나 준비하는 과정에서 단순히 여러 명의 공범이 가담하였다는 정도를 넘어서 그들이 일정한 통솔체계에 따라 일사불란하게 행동하고, 계속적으로 범행을 계획하고 실행할 우려가 있을 정도로 유기적인 결합체를 이룬 경우를 의미한다"고 판시하고 있다(대법원 1999.4.23, 선고, 99도82, 판결).

실정법과 대법원 판례의 태도를 종합해보자면, 현행 법체계 하에서 '범죄단체'로 인정되기 위하여서는 ① 목적의 공유(폭력을 수단으로 특정한 범죄를 공동하여 범한다는 목적의식), ② 위계질서와 통솔체제, ③ 다수인의 조직구성[3], ④ 지속적이고 유기적인 결합 관계 등을 필수적으로 갖추었음이 인정되어야 할 것으로 보인다.

3) 범죄단체가 구성되기 위한 최소한의 인원이 몇 명인가에 대하여 학계의 의견이 분분하고, 실정법에서도 명확히 밝히고 있지 않다. 판례의 태도도 분명하지 않다. 다만, 실정법의 해석에 무게를 두어 판단하자면, 「폭력행위 등 처벌에 관한 법률」(제4조 제1항)이 가담 수준과 관련하여, 수괴, 간부, 단순 가담자 등으로 구분하고 있는 것을 고려하면, 최소한 3인 이상이 결합하여야 범죄단체가 성립하는 것으로 보는 것이 타당한 것이 아닌가 한다.

# 제 3 절 조직범죄의 특징

## 1. 일반적 특징

### 1) 美 '형사사법의 기준과 목표에 관한 국가자문위원회'의 특성 제시

① 불법적 수단에 의한 합법적 목표의 추구나 불법적 행동의 계획과 집행에 있어서 많은 사람의 공조를 요하는 음모적 활동

② 불법적 재화와 용역의 독점을 통한 경제적 이득의 확보가 주된 목적

③ 범죄조직의 활동범위는 불법적 용역을 제공하는 데에 그치지 않고 위협, 폭력, 매수 등의 약탈적 방법을 빈번하게 사용

④ 조직구성원, 관련자, 피해자 등에 대한 훈육과 통제가 매우 즉각적이고 효과적(조병인 외, 2010: 42)

### 2) Howard Abadinsky의 특성 제시

① 정치적 목적이나 이해관계가 개입되지 않으며, 개입이 있다하더라도 비이념적인 특성을 가진다는 특성

② 위계적·계층적이라는 점

③ 구성원이 제한적이며 배타적이라는 점

④ 조직 활동이나 구성원의 참여가 거의 영구적일 정도로 영속적임

⑤ 쉽고 빠른 목표달성을 위해 불법적 폭력과 뇌물을 활용

⑥ 전문성 내지 조직 내 위치에 따른 임무와 역할의 분업화

⑦ 폭력 또는 매수를 통해 특정 지역이나 사업 분야를 독점함

⑧ 합법적 조직과 마찬가지로 조직의 규칙과 규정에 의해 통제 (조병인 외, 2010: 43)

### 3) Haskell 과 Yablonsky 의 특성 제시

① 대기업이나 군대와 유사한 계층구조를 가짐

② 조직범죄는 통상 무력을 사용하거나 무력으로 위협

③ 조직의 운영, 인사관리, 정치인과 경찰과의 관계, 이익배분 등을 치밀한 계획하에 이행

④ 형사처벌로부터 면책을 위한 노력(법집행기관에 뇌물을 공여하거나 보호비용을 지불함으로써 경찰이 특정범죄 활동에 간섭하지 않게 하거나, 범죄활동을 보호하기 위해 정치적 압력을 가하거나, 범죄조직이 운영하는 기업에 경찰이 동업자로 참여하는 방법 등)

⑤ 관련된 집단의 지도자들끼리 서로 이해관계가 맞물려 있는 특징(조병인 외, 2010: 44)

## 2. 우리나라 조직범죄의 특징

### 1) 계층적 위계질서

내부규율은 맹목적 충성심과 조직을 배반한 자에 대한 복수를 근간으로 하고 있다. 조직을 배반하고 다른 조직에 가담하거나 조직의 지시를 거부 또는 이행을 태만히 하거나 수사기관에 조직의 실체를 밝힌 경우 등에는 가혹한 보복이 따르고 반대로 조직이 부여한 임무를 수행하다 다치거나 수사기관에 검거된 경우 등에는 치료비와 생활비의 지급, 변호인의 선임 등 모든 혜택이 주어지게 된다. 따라서 조직원은 일반 사회규범을 무시하고 조직의 내부규율에 따라 행동을 하게 되고 그러한 행동은 인간의 이성적 판단을 마비시키고 경우에 따라서는 상상을 초월하는 잔혹한 범죄로까지 발전하게 된다.

이러한 내부규율을 통하여 조직원을 통제하고 조직을 운영하기 위하여 조직원들 사이에 계급이 형성되어 있다. 일본 야쿠자의 오야붕과 꼬붕의 계급체계는 그 전형적인 형태이다. 미국의 마피아나 삼합회에도 두목(Boss), 행동대장(Captain), 행동대원(Soldier), 협조자(Associates)등의 계급이 존재하며 조직원은 두목에 대한 절대 복종 관계를 유지하고 있다.

조직폭력은 다수의 결합체로 그 활동과 유지체제를 위하여 일정한 지침과 계층 간 엄격한 규율이 존재하는 통솔체계를 갖춘 계속적인 조직으로, 이러한 통솔체제는 범죄행위를 할 때 사전계획과 행위분담을 가능하게 하여 단순한 사람들의 집합에서 나오는 힘 또는 영향력을 능가하게 할 수 있고, 그 조직의 일부만을 노출하더라도 조직의 전체를 노출시켜 범죄행위를 하는 것 보다 높은 효과를 낼 수 있다. 이러한 점에서 조직폭력은 단순히 사람들의 상호 의사연락이나 행위분담 아래 이루어지는 집단적 범죄나, 범죄의 성립에 다수의 행위자가 동일한 방향으로 공동할 것을 필요로 하는 집합적 범죄 등의 개념과 구별된다(강봉채, 2007: 14-15).

### 2) 배타적 구성원

범죄조직은 제한되거나 배타적인 구성원 자격으로 운영된다. 조직범죄집단 구성원이 되는 데에는 많은 제약이 존재하며 후견인(흔히 조직 내의 상위구성원 등)에 의해 추천되어 행동으로서 구성원이 될 수 있는 자격을 증명해야 한다. 또 내부의 명령, 규율 등을 엄수하며 비밀을 지켜야 한다. 도제의 기간은 수개월에서 수년에 이를 수 있다. 성공한 범죄조직인 경우에는 조직에서 받아들이고자 하는 것보다 훨씬 많은 사람이 조직에의 가입을 원하게 된다(정진수, 1995: 27).

### 3) 엄격한 내부규율의 존재

범죄조직에는 구성원을 통제하기 위한 엄격한 내부규율이 있다. 내부규율은 맹목적인 충성과 조직을 배반한 자에 대한 보복을 근간으로 하며 밀고자 등 규율을 위반한 자는 그에 상응하는 보복을 받게 된다. 그러나 조직이 부여한 임무를 수행하다 다치거나 검거된 때에는 치료비와 생활비지급, 변호인 선임 등 신분 보장적 보상원칙을 통하여 결속을 강화하고 있다. 따라서 조직원들은 일반 사회규범을 무시하고 조직의 내부 규율에 따라 행동하게 된다(송태종, 2008: 50).

### 4) 비이념적 조직

범죄조직은 비이념적(non-ideological)이다. 즉, 조직범죄집단은 정치적인 목적이 아닌 돈과 권력을 지향한다. 정치적인 참여가 활동의 일부가 될 수도 있으나 이는 단지 불법활동을 위한 보호나 면책을 위한 것이며 이런 면에서 정치적인 관심으로 조직되어 활동하는 미국의 'KKK집단'과는 다르다(도중진, 2004: 54).

### 5) 비호세력의 존재

조직폭력단체에는 그들의 활동을 보호해주는 비호세력이 존재한다. 조직범죄의 비호세력은 크게 정치적 비호세력, 관료적 비호세력, 사회·경제적 비호세력으로 나누어 볼 수 있다. 정치인들은 선거에서의 승리, 당권의 쟁취, 선거유세 시 청중의 동원 등을 위하여 비합법적인 방법을 사용하는 경우가 종종있다. 정치인들은 목적수행 방법의 비합법성과 비밀유지의 요건 때문에 조직폭력단체의 도움을 필요로 하고, 조직폭력단체는 정치인들과의 친분을 이용하여 그들의 정체를 위장하고 입법활동 및 사회적 영향력을 형성해 조직의 보호에 이용하게 된다. 관료적 비호세력은 행정기관을 비롯하여 수사, 재판 등에 관여하는 일부 부패된 공무원들을 들 수 있는데,이들은 행정적 편의를 제공하거나 불법행위를 묵인, 방조하고 수사기관의 단속정보를 사전에 누설하는 방법으로 도움을 준다. 범죄조직은 그 대가로 이들에게 뇌물 또는 경제적 이익을 제공하며 유대를 돈독히 한다.

사회·경제적 비호세력은 조직원들의 신분을 위장시켜 주거나 조직원들에게 경제적 이익을 제공하는 집단으로 유흥업소, 오락실, 도박장 등을 대표적인 예로 들 수 있다.최근에는 유흥업소뿐만 아니라, 부동산업, 건설업 등으로 영역이 확대되어 가고 있는 추세다(강봉채, 2007: 16).

### 6) 지속성

조직폭력집단의 궁극적 목적은 경제적 이익의 추구에 있는 바, 경제적 이권이 있는 한 범죄행위가 일회성에 그치지 않고 계속된다. 범죄가 지속된다는 점에서 일회성 강·절도에 비해 피해자들이 느끼는 고통은 배가되며 또한 이러한 특성으로 인해 국민들이 느끼는 치안불안은 지속되게 된다(경기지방경찰청, 2004: 4).

### 7) 조직성

집단에서 나오는 힘 즉, 조직의 위력을 과시하여 이권을 갈취하는 등 조직화된 범죄이다. 조직의 일부만 노출하여 범죄행위를 한다하여도 전체를 드러내는 힘 못지않게 효과를 볼 수 있기 때문에 이를 이용하여 범죄를 저지르고 있다(강봉채, 2007: 16).

### 8) 활동범위의 광역성

조직범죄는 그 활동범위가 매우 넓다. 경제활동의 규모가 커지면서 다양한 소득원을 찾아 다각적인 사업을 운영할 뿐 아니라 한 지역에 국한되지 않고 전국을 무대로 이익이 창출되는 곳이면 어디든 찾아가 불법행위를 자행한다. 또한 이렇게 범죄행위를 한 후 범행 장소 내지 수사기관의 단속망으로부터 멀리 도피한다. 이렇듯 조직범죄는 활동영역이 광역화되고 있다는 것이 또 하나의 특징이다(김기범, 2008: 36).

### 9) 계획성

살인, 강도, 강간 등 원시적 범죄가 아닌 경제적 이익(이권갈취)추구를 위해서 사전모의와 역할 분담이라는 계획성을 가지며, 조직폭력배의 궁극적 목적은 경제적 이익의 추구에 있는바 경제적 이권이 있는 한 범죄행위가 일회성에 그치지 않고 계속되며, 범죄가 지속된다는 점에서 일회성 강·절도에 비해 피해자들이 느끼는 고통은 배가되며 또한 이러한 특성으로 인해 체감치안에도 커다란 걸림돌이 되고 있다(강봉채, 2007: 17).

### 10) 범죄수단의 다양성

다수의 조직원으로 구성되어 있으므로 범죄의 수단이 다양하며 최근에는 반드시 불법적인 수단만이 아니라 합법·불법적인 모든 수단을 동원하고 일반인들에게 공포를 느끼게 할 정도로 잔혹한 수법을 쓰기도 하며 이로 말미암아 피해자들의 협조를 구하기가 쉽지 않다(강봉채, 2007: 17).

### 11) 특정분야의 독점

조직범죄집단은 경쟁을 싫어하면 특정지역이나 사업분야, 혹은 이 두 가지 모두에 대해 헤게모니를 잡으려 한다. 이러한 독점은 이득을 증대시키는 한 방법이며 폭력의 위협, 혹은 정부 관리와의 부패관계로서 유지 된다(김기범, 2008: 37).

### 12) 경제적 이익추구와 수단의 다양성

조직폭력단체는 최소한 위험부담으로 최대한의 이익을 추구할 수 있으며 어떠한 형태의 불법행위에도 관여한다. 경제적 이익을 추구하기 위한 수단으로 범죄를 포함한 불법적 방법을 모두 동원함은 물론 합법적 영업활동도 영위한다. 조직폭력단체의 간부들은 합법을 가장한 업체를 경영하는 경우가 많다. 그러나 조직폭력단체의 주된 자금원은 합법적인 방법이 아닌 불법적 수단에 의하여 조성된다.

조직폭력단체의 전형적인 불법활동으로는 고리대금업, 도박장 운영, 마약거래, 이득갈취, 공직자 매수, 돈세탁 등이 있고 매춘과 포르노에도 관여하고 있다. 또한 최근 들어서는 합법을 가장하는 방법을 다양하게 동원하기 때문에 조직폭력단체의 실체를 밝혀내고 조직폭력단체 척결에 대한 일반의 협조를 구하기가 더욱 어렵게 되고 있다.

우리나라에도 폭력조직들이 유흥업소, 불법오락실 등의 영업에 직접 관여하거나, 조직원들을 그러한 업소에 취업시키고 업소로부터 보호비 명목으로 일정한 금품을 상납받는 방법으로 조직의 경제적 기반을 마련해서 조직원들에 대한 생계수단을 제공한다. 결국, 조직폭력은 폭력을 주된 수단으로 경제적 이익추구를 목적으로 최소한의 통솔체제를 갖춘 다수인의 계속적인 결합체라고 할 수 있다. 그리고 조직폭력배는 이와 같은 조직의 구성원을 가르치며, 조직폭력범죄란 이러한 조직 또는 그 구성원에 의하여 행해지는 범죄를 지칭한다고 할 수 있다(강봉채, 2007: 18).

### 13) 지하경제의 활용

조직범죄는 일반적으로 투자에 비하여 이득이 월등히 많은 사업에 주력하게 되므로 자연히 합법적인 사업보다는 비합법적인 사업을 추구하게 되며, 주로 지하경제를 이용하게 된다. 그 예로 밀수나 암거래 등을 통한 지하경제를 경제적 수단으로 하는 경우가 많으며, 이를 통하여 자금세탁 등을 빈번하게 하고 있다(김기범, 2008: 37).

### 14) 존립기초로서의 폭력

조직폭력배들이 폭력을 행사하는 경우는 ① 다른 조직과의 마찰시, ② 이권에 청부 개입된 경우 조직의 힘을 과시해도 상대방이 말을 듣지 않을 경우, ③ 조직 자체에서 갈등과 도전이 발생하는 경우 등이다.[4)]

조직폭력단체가 행사하는 폭력에는 무형적인 폭력과 유형적인 폭력이 망라된다. 무형적인 폭력은 실질적으로 신체에 유형력은 행사되지 않지만 상당한 위협이 되는 것을 의미한다고 볼 수 있다. 최근 조직폭력배들의 범죄양상이 점차 지능화 되어가고 직접적인 폭력행사를 자제하고 무형적인 폭력을 행사하고 있더라도 그 수단은 대부분이 폭행 또는 협박이다. 결국 재물의 교부 또는 재산상의 이득을 취하는 공갈죄를 범하는 경우가 많다. 수사관들은 공갈죄의 수단으로 폭행은 별론으로 하고 협박을 수단으로 한 경우 그 협박의 의미와 정도를 정확히 이해하고 조서를 작성하는 데에 유의해야 할 것이다. 유형적인 폭력의 경우는 일반 형사사건의 경우와 같이 현실적으로 드러난 폭력행위(폭행, 협박)와 결과에 대하여 피해조서를 작성해 나가면 된다. 즉, 폭행 또는 협박을 당하게 된 경위, 진단서가 있으면 진단서의 첨부(없을 시 병원진료기록부 또는 상해부위도 등 작성), 협박의 내

4) 이 이외에도 내부결속이나 대외적 존재감 과시 등의 목적으로 별 다른 합리적 이유 없이 폭력을 행사하는 경우도 있다고 볼 수 있을 것이다.

용, 피해의 내용에 대하여 자세히 조서를 작성해 나가면 된다(강봉채, 2007: 19-20).

## 3. 우리나라 조직범죄의 현대적 특징

### 1) 현대적 추이

이윤호(2008: 294)는 우리나라 조직폭력범죄의 현대적 추이의 특징으로 (ⅰ) 활동영역의 확장, (ii) 구성원의 연소화 및 고학력화, (iii) 조직폭력범죄 활동의 목적 변화, (iv) 국제화 등을 꼽았다.

첫째, 기존의 유흥업소 주변 기생 수준 단계에서 벗어나, 합법을 가장하거나 실제로 합법적인 사업체를 운영하거나, 각종 위조행위와 신용카드범죄, 산업폐기물범죄, 불법 장기매매 등에 이르기까지 그 활동 영역이 넓어져가고 있다는 것이다. 즉, 다양한 분야로의 영역 확대 및 기업화·합법화가 조직범죄의 최근 동향에 있어서의 특징이라 볼 수 있다는 것이다(전대양, 2002: 125).

둘째, 폭력조직이 세를 불리기 위하여 중·고등학생이나 가출 청소년 등을 조직원으로 가입시키는 사례가 증가함에 따라 구성원이 연소화 되어가고 있으며, 고등학교 졸업 이상의 학력을 소지한 비율이 점차 증가하는 등 고학력화 현상도 보이고 있다.

셋째, 조직폭력범죄 활동의 목적이 변화하고 있다고 본다. 과거에는 폭력조직이 의리와 명분을 강조하며 생계를 위하여 폭력을 행사하였던 소외계층을 중심으로 결성되었으나(생계형 조폭), 현재는 오히려 소비와 향략을 위한 조폭이 증가하고 있다.

넷째, 통신과 교통의 발달로 인한 세계화의 영향으로 조직폭력도 국제화하고 있는 추세이다.

기타 조직규모 면에서 축소되는 한편 연계가 강화되는 추세, 국내 체류 외국인 폭력조직의 결성 등도 특징으로 꼽을 수 있다. 조직규모 면에서 경찰에 노출되기 쉬운 전국단위의 거대조직이나 기존조직의 확장보다는 조직원 개인이 추종자들을 규합, 소규모 신흥조직을 결성하거나 필요시 조직간 연계활동을 강화하는 추세를 보이고 있다. 또한 국내에 체류 중인 외국인들이 자국인의 사업을 도와준다는 명목 하에 폭력조직을 결성한 후 자국민을 상대로 폭력을 행사하는 사례가 증가하고 있다(전대양, 2002: 126). 다음과 같이 구체적으로 고찰해보기로 한다.

### ① 지역 기반 소규모 군소조직의 발호

과거부터 우리나라 조직폭력의 두드러진 특징 중 하나는 지역 내 선후배 내지 또래 모임으로 시작하여 폭력조직으로 성장한 지역토착 폭력배가 다수라는 것이다. 이들 지역 토착 폭력배들은 조직폭력배를 미화한 영화와 드라마의 영향으로 소영웅심리를 갖은 학교주변 폭력배들을 영입하여 세를 확장하면서 진정한 폭력조직으로 성장하였다. 이런 성장배경으로 인해 조직폭력 집단 간 지역적 배타성이 매우 강하다. 특히, 영·호남 및 충북·경기 지역의 토착 세력의 대립감정이 심했는데 이들 각 지역에서 생성된 폭력조직은 이합집산을 반복하며 오늘날까지 지역적 세력을 과시하고 있다(이윤근, 2001: 267).

이렇듯 조직폭력이 전국 단위의 대규모 조직이나 기존 조직을 확장하는 것을 포기하고 조직을 슬림화하는 이유는 조직원 개인이 추종자들을 규합하여 소규모 신흥조직을 결성하거나 필요시 조직간 연계활동을 강화함으로써(강동범, 2005: 312), 경찰의 단속망을 벗어나기 위한 선택으로 보인다. 이러한 이유로 지역에 기반을 둔 토착 폭력배로서의 소규모 조직의 발호는 앞으로도 계속 지속될 것으로 보인다.

### ② 태스크포스 형태의 연합조직의 대두

최근 조직폭력은 조직간 연합하는 추세가 두드러지고 있다. 과거에도 대규모 광역조직의 탄생은 있었으나 과거 조직형태가 대규모로 영구적 광역조직, 전국구 조직을 목표로 비대화되었다면 최근의 조직폭력은 소규모로 일시적 연계·연합을 추구한다는 것이 차이라 하겠다. 이러한 추세는 다른 폭력조직에 폭력배들을 알선 공급해주는 소위 조폭 복덕방을 통해 지방 조직원들을 동원하거나 유사시 일시적으로 모였다가 흩어지는 인력풀(pool) 시스템의 가동(이인영, 2003: 546)으로 더욱 가속화되고 있다.

이러한 연합조직의 대두는 종전 조직폭력배들이 계보를 중심으로 특정 지역을 지배하는 형태가 아닌 업체별, 업종별 지배형태를 추구하며 이권은 지속적으로 확보하는 한편 조직의 결성·해체에 유연성을 부여함으로써 경찰의 단속망을 교묘히 빠져나가려는 최근 조직폭력의 행태를 반영하는 것이라 하겠다(김기범, 2008: 62).

### ③ 외국인 상대 외국 조직폭력의 등장

세계적 교통망의 발달과 국가 간 상호의존성이 높아지면서 사람과 재화의 이동이 늘어나고 그로 인해 범죄조직에고 국제화 현상이 대두되고 있음은 주지의 사실이다. 국내조직과 국제조직의 연계로 인한 국민들의 체감 불안은 미미한 정도에 불과하여 사실 더욱 관심을 두어야 할 부분은 이미 사회문제가 된 국내 체류 외국인들의 범죄이다. 왜냐하면 국내 이주 외국인의 경우 언어의 제약과 문화의 차이, 낯선 환경은 그들이 동화되기 어려운 벽이 되고 이렇게 동화가 어렵게 되면 이주자들이 지역사회를 형성하여 배타적 인종집단으로 남게 되는 경향이 있는데 이러한 새로운 집단은 범죄조직 활동과 밀접한 관계를 갖게 되기 때문이다(신의기, 2004: 40).

특히 외국인 조직폭력범죄는 아직까지 두드러지게 활동상이 파악되지는 않았지만 외국인 거주 지역을 중심으로 외국인을 상대로 한 갈취행위, 폭행, 심지어 살인까지 이르는 심각한 범죄가 자행되고 있다. 비록 외국인 조직폭력범죄의 피해자가 주로 외국인에 한정되기는 하나 범죄의 불규칙성, 대상의 무작위성으로 인해 언제든 피해가 우리 국민들의 몫이 될지 모르기에 이에 대한 대책 마련도 시급한 실정이다(김기범, 2008: 65).

### ④ 온라인상 세력 과시 현상 출현

최근 포털 사이트에는 '조폭'이나 '깡패'라는 이름으로 결성된 동호회가 수 백여 개에 이른다. 그 곳에는 '○○ 조폭 모임', '×× 깡패 동문' 등과 같은 문패를 내걸고 있으며, 사용되는 용어도 '행동대장', '조직원' 등이 많이 등장한다. '접니다요, 형님' 등 일상적인 인사나 코믹스러운 말투에서부터 '후려갈구다(=쳐다보다)', '짭새(=경찰)' 등처럼 폭력배들이 사용하는 은어도 눈에 띤다. 또 싸움기술 등 범죄기술과 관련하여 회원들 간에 토론이 벌어지기도 한다(양태규, 2003: 144).

인터넷 상 조폭 문화의 동경 내지 용인은 자연스레 조직폭력배들의 자기과시의 장으로 활용되고 있다. 이들은 싸이월드 홈페이지, 인터넷 카페 등에 소속된 조직의 단합대회 시 조직원들이 도열한 모습, 여름 야유회 시 온몸의 문신을 그대로 드러내며 위압적인 모습을 촬영한 사진을 올려놓고 폭력조직의 소속원임을 자랑스럽게 드러내놓고 있다.

온라인 상 폭력문화의 만연은 심히 우려할 만하고 자제되어야 마땅하나 인터넷 상 조직폭력배의 과시 사진은 수사상 매우 가치 있는 자료가 될 수 있다. 나이 어린 조직원들은 아직 형사처벌의 경험이 부족하고 처벌에 대한 두려움이 기성 조직원보다 상대적으로 없기 때문에 과감히 폭력조직의 내부를 적나라하게 내보이는 경우가 많다. 단합대회 사진과 사진 내용을 설명하는 글에서 조직의 결성 시기 내지 결성 경위 등을 파악할 수 있으며, 때로는 '○○형님이 한 턱 내는 자리' 등의 내용에서 자금책 등을 파악할 수도 있다. 야유회 사진과 글에서 조직원의 규모와 조직 체계 등을 파악할 수도 있고, 때로는 미처 파악하지 못하였던 아지트를 발견하거나 조직원을 발굴해낼 수도 있다. 인터넷은 부정적인 사회 현상에 대한 간접 학습의 장이 되기도 하고, 명예훼손의 장이 되기도 하며, 때로는 괴담의 진원지로 부정적인 기능이 있기도 하지만, 수사기관의 입장에서는 첩보수집의 보고요, 증거확보의 창고가 되기도 한다(김기범, 2008: 67).

### ⑤ 은퇴 후 활동 영역 변화

조직범죄 단원이나 중간 간부로 활동했던 자들이 조직 활동에서 손을 뗄 경우의 관행도 바뀌고 있다. 과거에는 조직 활동에서 손을 떼더라도 불법 오락실, 룸살롱 등 유흥관련 사업체를 넘겨받거나 차려서 운영하는 경우가 많이 있어왔지만, 최근에는 일반인들을 대상으로 하는 합법적인 사업에 진출·운영하는 경우가 늘고 있다. 특히 고기집이나 일식집 등 요식업에의 진출이 증가하고 있는 것으로 보인다.

조폭들이 요식업에 종사하는 이유로는 지인이나 유명인을 통해 유명세를 얻어 쉽게 사업할 수 있다는 점이 유인으로 작용하기도 하며, 누가 봐도 조폭출신 티가 나는 사업보다는 건전하고 합법적 사업체를 운영함으로써 자신이 깨끗하게 손을 씻었다는 것을 보여주기 위해서라도 요식업 등 일반인들에게 익숙한 사업을 하는 경우가 증가하고 있는 것으로 보인다(헤럴드경제, 2013.02.14 보도). 특별한 전문적 지식이 없어도 가능하다는 점, 관련 기술을 습득하는 것이 크게 어렵지 않다는 점도 이유가 될 수 있을 것이다.

## 2) 조직범죄의 미래

지금 우리가 사는 시대는 소위 말하는 '세계화' 바람이 지구 곳곳을 누비고 있고 정보통신기술의 발달로 공간적으로 제한받는 곳은 거의 존재하지 않을 정도가 되어가고 있다. 이것은 다시 말해 조직범죄의 활동영역 또한 전체 지구촌을 대상으로 할 수 있게 되었음을 의미한다. 그리고 이것은 다시 거대한 '다국적 조직범죄(transnational organized crime)'가 탄생할 수 있다는 의미이다. 국경의 장벽이 더 이상 의미를 갖지 않게 되었다는 것이다. 이순래(2011) 등은 Siegel, Bunt, Zaitch 등의 서구 학자들의 예를 언급하며, '세계적 조직범죄(global organized crime)'이라는 용어도 사용된다고 하였다. 그만큼 미래의 조직범죄는 지금보다 더욱 국제화, 대형화될 가능성이 높아졌다. 더욱이 이런 조직범죄집단이 테러범죄와 연결된다면 국제사회를 커다란 위험으로 빠뜨릴 수 있다. 그리고 최근의 냉전시대의 종말과 구사회주의국가의 몰락은 조직범죄의 전망을 급격하게 바꾸어 놓았다. 동유럽과 서유럽 사이의 장벽의 무너짐은 조직범죄집단에게는 불법적 사업을 위한 새로운 기회를 제공하고 있는 셈이다(이순래 외, 2011: 407).

# 제 4 절 조직범죄의 성장

## 1. 조직범죄의 성장과정

Edwin Stier 등(1987: 65-80)은 조직범죄가 ( i ) 약탈자로서의 조직범죄, (ii) 기생자로서의 조직범죄, (iii) 공생자로서의 조직범죄의 세 단계를 거쳐 성장한다고 보았다. 구체적인 내용은 다음과 같다.

첫 번째 단계는 '약탈자로서의 조직범죄' 단계이다. 조직범죄 진화 과정 중 초기에 해당되며, 주로 강도, 절도, 폭력에 의한 강탈 등 일반적인 노상범죄와 유사한 활동을 일삼는다. 그러다보니 외부에의 노출 가능성이 높을 수밖에 없고, 자연히 발각 및 처벌의 가능성도 높은 편에 속하며, 적발 시 사법당국의 수사망에서 벗어나기가 어렵다.

두 번째 단계는 '기생자로서의 조직범죄' 단계이다. 조직범죄 진화 과정 중 중기에 해당되며, 약탈자적 화동을 지양하면서 비합법적인 사업 영역에서 진출을 확대하는 단계이다. 매춘, 불법도박업 지원, 마약류 유통, 위조화폐 유통 등 비폭력적이면서도 불법적인 사업 영역에의 진출을 도모하며, 점차 불법적 활동과 합법적 활동의 경계는 모호해지게 된다. 그렇지만 여전히 약탈자적 기법은 활용이 되며, 그러한 명성에 의존한다. 또한 비합법적인 사업 활동 행위의 보호를 위해 공직자를 매수하는 등 권력층에 기생하게 된다. 매수된 공직자의 비호, 불법적 활동과 합법적 활동의 경계 모호화 등으로 인해 '약탈자로서의 조직범죄' 단계에 비하여는 처벌이 곤란해진다.

세 번째 단계는 '공생자로서의 조직범죄' 단계이다. 조직범죄 진화 과정 중 후기에 해당되며, 일반적인 노상 약탈범죄는 지양되고, 합법적 사업에의 진출·관여가 증가한다. 합법적 재화와 용역을 제공하며 시장의 사업자들과 경쟁하게 되지만, 실제로는 여전히 불법적 활동의 은폐수단으로 합법적 사업을 이용한다(조병인 외, 2010: 34). 전대양 등(2004: 36)은 공생자 단계에서는 래커티어(racketeer, (부정한 방법으로 돈을 버는) 모리배 내지 협잡꾼) 이미지가 외부적으로는 쇄신될지도 모르나, 바로 이 시점에서 조직범죄의 가치체계가 사회에 미치는 악영향은 더욱 지대해질 수 있다고 보았다. 공생자 단계의 조직범죄집단은 기생자적 집단의 불법적 시장과는 달리 합법적인 시장원리에 따라 사회의 정단한 수요를 만족시키지만 그 자체가 부패를 의미한다는 것이다. 이들은 앤더슨(A. G. Anderson)의 견해를 들어 조직범죄가 합법적 사업에 관여하는 이유를 다음과 같이 소개하였다(전대양·송병호, 2004: 36).

① 합법적 사업은 불법적 활동의 은폐 기회를 제공한다.
② 합법적 사업은 불법수익의 돈세탁 기회를 제공한다.
③ 합법적 사업은 공개가 가능하여 합법적 수입으로 가장하기에 최적의 조건을 제공한다.
④ 합법적 사업은 관련 사업가와 친밀한 관계를 제공한다.

즉, 공생자 단계로의 진입 그 자체가 우리 사회가 조직범죄를 척결 적절한 시기를 놓쳤으며, 조적범죄 정화의 여지가 줄어들었음을 의미하는 것으로 볼 수 있으며, 처벌의 여지와 관련하여서도 '기생자로서의 조직범죄' 단계에 비하여 또 한층 처벌이 어려워지는 문제가 있다.

조직범죄의 여러 활동 영역에 따라 다르겠지만, 일반적으로 전문가들은 우리나라의 조직범죄 성장 수준은 기생자 수준의 단계를 벗어나고 있으며, 공생자 수준의 단계에 진입하고 있는 과정에 있다고 진단하고 있다.

## 2. 폭력조직의 생성원인

이윤호(2008: 288-289)는 폭력조직의 생성원인으로 ( i ) 개인적 위험요인, (ii) 학습으로 인한 요인, (iii) 자연발생적 본능 요인, (iv) 소외에 대한 대응 등을 들고 있다.

첫째, 개인적 위험요인과 관련하여, 지위의 불안, 빈곤, 실업, 가정의 역기능, 교육기회의 불평등, 인종차별 등 개인이 소속된 사회에서 받는 위험들이 폭력조직에의 가담을 증진시킬 수 있다는 것이다.

둘째, 폭력물 등을 시청하며 폭력을 동경하는 등 각종 매체를 통한 모방학습이 이루어지거나, 비행친구와 어울리는 등 실제적인 폭력에의 학습이 이루어지는 경우 등 조직범죄와 폭력성에 대한 학습도 조직폭력 가담에의 원인이 될 수 있다.

셋째, 인간은 본래 집단을 이루어야 생산, 보호, 식량획득 등이 용이해지므로, 조직·집단을 형성하고자 하는 본능이 존재하며, 인류학자들은 이러한 자연발생적인 인간의 본능도 조직폭력 생성의 원인이 될 수 있다고 본다.

넷째, 개인은 소외와 박탈로 인해 위협받고 있다고 느낄 때 집단에의 가담 가능성이 높아지며, 유사한 처지의 사람들끼리 의지하며 위안과 위로를 나누고자 하는데, 폭력조직 구성원들도 주류 사회로부터의 소외와 박탈에 대한 대응으로 조직 결성·가담을 하게 되며, 조폭 집단 내에서 비슷한 처지끼리 상호 심리적 위안을 추구한다는 것이다(이윤호, 2008: 288-289).

## 3. 우리나라 조직폭력의 성장배경

이윤호(2008: 259)의 견해를 참고하자면, 우리나라에서 폭력조직이 특히 성장할 수 있었던 고유한 배경으로 (i) 사회적 차별이나 경제적 불평등 등 사회적 소외, (ii) 유흥산업의 급속한 팽창, (iii) 정치권 또는 기업 등의 부패 등을 들 수 있다.

첫째, 조직폭력의 성장은 사회적 차별이나 경제적 불평등 등 사회적 소외의 산물이라고 볼 소지가 있다. 유례없이 집중적인 고도 경제 성장을 거치며, 발전·성장지향적인 가치 양산·팽배는 사회적 소외를 증대시켰고, 이는 소외와 박탈, 차별을 낳기도 하였다. 둘째, 지역사회에서 유흥, 향락업소, 퇴폐업소 등이 성장함에 따라 그만큼 범죄조직이 기생하고, 자금을 마련할 수 있는 여지가 커졌기 때문이다. 셋째, 정치권과 기업 등 우리사회에 있어서 헤게모니를 쥔 집단들의 부패도 조직폭력의 성장배경이 되고 있다. 정치와 조폭이 유착하고, 부패한 재벌에 기생을 하게 되면서 범죄조직을 명맥을 잇고, 양적·질적 성장을 추구할 수 있었다. 이는 폭력조직을 비호하는 주변세력으로 작용할 수 있다. 즉, 범죄조직이 위험에 처하게 되는 경우에 비호세력을 이용하여 도움 또는 비호를 받아 처벌의 위험으로부터 벗어날 수 있다는 것이다(정신교, 2005: 242).

## 4. 범죄조직 명칭의 유래

### 1) 우리나라 폭력조직 명칭의 유래

방성수(2003: 13)가 검찰이 실시한 조사를 토대로 밝힌 결과를 보면, '조직의 이름을 스스로 지었다'고 답한 조폭 수감자는 18%에 불과했다고 한다. '검찰이나 경찰 등 수사기관에서 지었다'가 44%, '외부에서 붙여줬다'는 17%였다. 조직 스스로 조직의 이름을 짓는 일은 때로는 대담하고 무모한 것으로 치부될 수 있는데, 검거·적발되었을 경우, 조직의 이름이 있는 것과 없는 것의 처벌 수위 차이가 워낙 크기 때문이다. 즉, 폭력조직들은 '조직'이란 말의 사용을 꺼리고 있다는 것이다(방성수, 2003: 14).

위에서 살펴본 바와 같이, 조직의 이름은 수사기관에 의해 지어지는 경우가 가장 많은데, 수사기관들이 조직의 이름을 지을 때도 다음과 같은 몇 가지 규칙이 있다고 한다(방성수, 2003: 15).

( i ) 동네 이름이나 관할 구역에서 따오는 경우가 있다.

(ii) 두목의 이름에서 따오는 경우가 있다.

(iii) 조직이 주로 활동하는 무대, 당구장이나 다방의 이름을 따는 경우도 있다.

(iv) 활동 구역에 인접해 있는 문화재 등 명소의 이름에서 따온 경우도 있다.

### 2) 마피아의 어원

마피아(Mafia)라는 단어는 13세기에서 19세기에 걸쳐 이탈리아 시칠리아 섬 서부 농촌지역에서 발생했을 것으로 일반적으로 추정되는데, 그 어원에 대한 분명하고 완벽한 설명은 존재하지 않는다. 다만, 마피아 단원들의 주장이나 기타 여러 정황을 토대로 추측할 수 있을 뿐이다. 일부 마피아들은 이 단어가 '피난처' 혹은 '보호하다'라는 의미를 가진 아랍어 '무 아파(mu afah)'가 와전된 것으로 9~12세기 동안 시칠리아 섬을 점령한 무어족에 대한 시칠리아인들의 저항을 가리킨다고 주장한다. 또는 '마피아'는 과거 이탈리아 시칠리아 섬이 프랑스의 침략을 받았을 때 비밀조직들이 프랑스군에 저항하며 투쟁의 서약으로 외쳤던 "Morte Alla Francia Italia Anelia" ("모든 프랑스인에게 죽음을, 이탈리아는 절규한다") 의 머리글자에서 따온 것이라고도 한다. 한편 '자신만만한'이라는 뜻을 가진 시칠리아 섬의 팔레르모(Palermo) 지역 방언인 '마피오소(mafioso)'에서 유래했다는 설도 있다(추미란 역, 2008: 14). 방성수(2003: 18)는 이탈리아어 대백과사전의 설명을 들어, '시칠리아에서 재간, 용기, 우월, 성취에 관한 천부의 재능을 의미하는 말'이라는 설명을 덧붙이기도 한다.

### 3) 야쿠자의 어원

일본 조폭의 대명사인 '야쿠자'는 일본어 숫자인 '8(야)·9(쿠)·3(산)'에서 유래했다는 것이 정설이다. 일본 도박의 일종인 '도리짓기 땡'에서 가장 쓸모가 없는 패로 '8·9·3'이 꼽힌다고 한다(방성수, 2003: 17). 이렇듯 '아무런 쓸모가 없는 자들'이라는 냉소와 비아냥이 야쿠자의 어원이 되었을 것이라는 것이다.

### 4) 삼합회의 어원

중국·홍콩·대만 등을 지배하고 있는 삼합회(三合會)는 1674년, 중국 복건성 소림사 승려 5명이 명나라 복원을 위해 천지회(天地會)하는 민간 비밀단체를 결성, 아편전쟁과 공산혁명을 거치면서 범죄조직으로 변질되었다고 한다. 삼합은 천(天)·지(地)·인(人)의 조화, 즉 우주만물의 조화를 뜻한다(방성수, 2003: 18).

1644년경 중국 동북쪽의 변방족 만주인들이 이런 혼란을 틈타 명왕조를 전복시키고, 새로운 왕조인 청나라를 개국하였다. 청조는 엄격한 독재체제로 지배층에 대한 어떠한 반대에 도 혹독한 탄압을 가하였다. 따라서 많은 사람들이 청조에 대해 공공연히 반대하지 못하고 오직 비밀집단을 조직해 저항 하였다. 그중 백련교가 가장 오래된 비밀조직이었으며, 이 비밀조직이 그 후 라교, 천지회(또는 홍문회)로 이어져 왔다. 후에 홍콩에 거주하는 유럽인들이 그 이름을 삼합회라 부르게 되었는데 그 단체의 깃발이 삼각형 모양을 하고 있었기 때문 이다(이존걸, 2003).

# 제 5 절 조직범죄 이론

## 1. 조직범죄 모델 이론

### 1) 대통령위원회 모델

1986년 미국 레이건 행정부는 조직범죄에의 대처를 위하여 '조직범죄에 대한 대통령위원회(PCOC, the President's Commission on Organized Crime)'를 구성하였는데, 이 위원회에의 보고서에는 범죄조직체계를 범죄그룹·보호자그룹·전문가 지원그룹·사용자 지원그룹·사회적 지원그룹 등으로 구분하였다.

범죄그룹은 조직범죄의 핵심그룹으로서 돈과 권력을 얻기 위해 폭력·범죄·부정을 행하는 자들로 구성되며, 보호자그룹은 범죄조직에 의해 매수된 공무원, 사법관료, 회계사·세무공무원, 기업인 등으로 구성되며, 권한과 지위를 오남용하여 범죄조직의 이익을 옹호한다. 주로 처벌로부터 범죄조직을 보호하는 것에 초점이 맞추어진다.

전문가 지원그룹은 범죄그룹처럼 범죄적 목표가 뚜렷하지는 않으나, 특수한 전문적 영역에서의 기술적 지원 등을 통해 조직의 목표달성에 도움을 주는 집단이다. 주로 금전적으로 고용되었거나 상호 조력관계에 있는 경우가 많으며, 파일럿, 화학전문가, 방화전문가, 하이재커 등이 이에 해당한다. 사용자 지원그룹은 불법적 재화나 용역을 구매할 소비자를 소개·알선하거나, 중간도매를 통하여 유통시키는 집단이다. 마약 사용자의 주선, 밀수금괴 유통, 음란물 중간도매 등의 역할을 한다.

사회적 지원그룹은 조직범죄나 범죄조직의 합법화에 기여하는데, 즉, 정치계에서 일부 마약을 합법화하는 입법을 한다든지, 실업계에서 범죄조직과 연계하여 사업을 꾀한다든지, 지역사회의 지도자 모임에 범죄조직 주요 인물을 초청하는 것 등의 역할을 한다. 주로 범죄조직의 사회적 영향력 확대 조력에 초점을 두고 있다(전대양·송병호, 2004: 37-40).

### 2) 계급주의형 모델(Hierarchical Model)[5]

계급주의형 모델이 나오게 된 것은 1963년 미국상원청문회에서 증언한 전직 마피아보스 발라치(Valavhi) 때문이었다. 그는 조직범죄단 구성과 살인, 폭행교사, 탈세혐의로 연방교도소에 10년형을 살게 되었으며, 사형을 면하는 대가로 상원청문회에서 증언하기로 하였다. 그는 상원 청문회에서 조직범죄단이 일정한 계급구조를 가지고 있음을 증언하였다. 그의 증언으로 조직범죄단이 계급체계를 가진 권위주의형 조직으로 이루어져 있음을 직접 알게 되었다. 발라치는 1950년대부터 전미국을 무대로 활동하는 조직범죄단이 있었으며, 그 이름이 정확하게 라 코자 노스트라(La Cosa Nostra)라고 이야기 하였다. 그는 마피아라는 이름은 들어보지 못했으며 코자 노스트라가 공식명칭이라고 지적하였다. 당시까지만 해도 수사기관은 코자 노스트라라는 이름을 전혀 파악하지 못하였던 것으로 알려져 큰 충격과 반향을 일으켰다.

미국 내 조직범죄단이 통합되기 시작한 것은 1930년대 부터였다. 특히 금주법 시대에 술을 팔 수 있는 상권을 선점하기 위해 대대적인 조직간의 전쟁이 벌어졌으며 그 과정에서 많은 조직이 흡수 또는 파괴되었다고 증언하였다. 그는 조직범죄의 내부구조로 공식화되어있는 조직범죄단의 4계급을 이야기하였는데, 카포(Capo), 언더카포(Under Capo), 카포레지메(Capo Regime), 솔져(Soldier)의 4계급 구분이 이에 해당한다(염장호, 2001: 113-116).

### 3) 보호자-고객 모델

앨비니(Joseph Albini)가 디트로이트市에서의 조직범죄 연구 결과 밝힌

5) 일부에서는 코자 노스트라(Cosa Nostra) 모델이라는 분류를 따로 사용하기도 하나, 이 계급주의형 모델과 유사한 점이 많고, 혼용될 수 있는 유형이라고 여겨진다.

모델론으로, 범죄조직은 조직을 보호해주는 보호자 집단, 그리고 조직의 이윤 창출의 대상인 고객 집단과의 집합 및 유대를 통해 구성되어 있다고 보는 유형론이다(전대양·송병호, 2004: 43-44).

### 4) 기업 모델

스미스(Dwight Smith)의 「마피아의 신비」라는 책에서, 조직범죄도 마치 합법적인 시장에서의 거래원리인 수요와 공급의 원리에 충실하며, 이러한 거래의 원리를 불법시장으로 확장하고 있다고 설명하면서, 마피아를 공급자로 표현하고 마피아가 공급하는 재화나 용역을 요구하는 수요자들의 요구를 마피아가 충족시켜준다고 보았다(전대양·송병호, 2004: 45). 이러한 메카니즘이 마치 기업의 작용과 유사한 듯 보인다고 하여 '기업 모델'이라고 불린다.

### 5) 신디케이트 모델

신디케이트(syndicate)란, 동일 시장 내의 여러 기업이 출자하여 공동판매회사를 설립하여 일원적으로 판매하는 조직을 의미하며, 참가기업은 생산 면에서는 독립성을 유지하나 판매는 공동판매회사를 통해서 이루어진다. 즉, 경쟁을 피하기 위하여 제품의 판매를 개별기업으로부터 공동판매기관으로 옮기고, 생산 할당이나 합리화를 지도하여 시장지배력을 강화하려는 기업조합(企業組合)을 의미한다.

블록(Alan Block)은 1930~1950년대 뉴욕 지역의 조직범죄 역사에 관하여 연구를 수행한 결과, 조직범죄의 두 가지 특수한 형태로 '① 기업적 신디케이트'와 '② 힘의 신디케이트'가 존재한다고 주장하였다.

### ① 기업적 신디케이트 (enterprise syndicate)

- 도박·매춘·마약 등 불법 상품과 서비스를 제공하는 조직범죄
- 상품과 서비스를 사용하는 많은 소비자와 중간배급자가 있기 때문에 많은 인원으로 구성되며, 이를 통제하고 업무를 분업화하기 위하여 관료적인 체제를 갖기 마련

### ② 힘의 신디케이트 (power syndicate)

- 폭력과 같은 힘을 사용하는 덜 구조화되고 유연한 조직
- 업무가 체계적으로 수행되지 않으므로 덜 분업화적임
- 조직의 목표는 조직의 힘을 지속적으로 보여주는 것이며, 기본적 무기는 폭력. 즉, 폭력과 위협을 통해 시장에서의 통제권을 확보하고자 함.

그는 힘의 신디케이트는 생존에 한계가 있고 붕괴되기 쉬우며, 점차 기업적 신디케이트로 변화되는 경향이 있다고 주장하였다(전대양·송병호, 2004: 47-48).

## 6) 민족 - 지역주의형 모델 (Local & Ethnic Model)[6)]

조직범죄를 이해하기 위해선 그 인적구성을 먼저 살펴보아야 한다. 민족-지역주의형 모델은 수평적 인적구성을 기본으로 삼고 있다. 마피아나 일본의 야쿠자, 홍콩의 삼합회를 보면 전부가 하나의 인종적 구성을 가지고 있다.

이아니(Ianni)부부는 조직범죄에 대한 연구에서, 소규모의 마피아 조직은 조직원 상호간에 긴밀한 문화적, 경제적 연결고리를 가지고 있으며, 범죄행위를 생계수단으로 삼고 있다고 지적하였다. 특히 소규모의 국한된 지역

---

6) 일부에서는 가족 모델이라는 분류를 따로 사용하기도 하나, 이 민족 - 지역주의형 모델과 유사한 점이 많고, 혼용될 수 있는 유형이라고 여겨진다.

을 활동영역으로 하고 있으면서 자신의 관할구역을 지키고자 노력한다는 점을 강조하여 전국적인 규모의 마피아와 비교되는 차이점을 이야기 하였다.

1970년대부터 시행된 많은 조직범죄에 관한 연구들은 조직범죄의 특성이 가정적인 것, 횡적 상호연대관계를 띄는 것이 훨씬 많다는 결과를 보고하였다. 지역적으로도 소규모지역을 단위로 활동하는 조직이 거의 절대 다수를 차지하고 있을 정도로 많다는 결과가 나왔다(염장호, 2001: 117-118).

조직범죄단이 하나의 민족이나 지역적인 연고로 뭉치게 되는 이유는 무엇일까?

하나의 민족이어야 하는 이유와 지역적인 연고로 뭉치는 이유를 생각해 보자면, 결속력을 강화하는데 더 도움이 되지 않을까 한다. 여러 민족이 합하면 통합성이 있겠고 그 중에도 생각이 맞으면 갈등의 염려도 없겠지만, 각각 살아온 방식도 다르고 사상도 다르기 때문에 발생할 수 있는 여러 가지 갈등이 문제가 될 수 있을 것이다.

조직 범죄단이 하나의 민족이나 지역적인 연고로 뭉치게 된다면, 무엇보다도 조직원 상호간의 믿음이 증가할 것이다. 우리나라의 사정만 보더라도 조직범죄단 대부분이 지역적 연고를 가지고 구성되고 있음을 쉽게 알 수 있다. 전국적으로 유명한 조직은 전부다 동향인을 조직원으로 하고 있을 정도로 지역적 정서를 강하게 나타내고 있다. 이들은 같은 고향사람이라는 것을 중요하게 생각하며 이러한 심리적 연결고리가 서로 믿음을 가지도록 만들어준다. 외국에 나가 생활하는 교포들이 그들만의 지역사회를 한국에서보다 더 끈끈하게 만드는 것도 이 같은 이유에서일 것이다(염장호, 2001: 118-119).

## 2. 조직범죄 발생원인 이론

조직범죄가 발생하게 된 원인을 살피는 이론들은 대개 ① 특정 사회의 내재적 원인이나 내부적 필요에 의하여 발생하게 되었다는 설명과, ② 외부사회로부터 유입된 결과라는 견해, ③ 이주민들이 결집하는 과정에서 발생하게 되었다는 이론 등으로 구분될 수 있을 것이다.

### 1) 내생설

Allan Block(1983)은 조직범죄가 외래로부터 유입되었다기보다는 정치인, 재계인사, 노조지도자 등이 정치경제 논리적으로 필요에 의해서 범죄자 집단과 협력함으로써 사회 자체에서 내생적으로 발생한다고 보았다. 조직범죄를 기존의 미국체계(American System)를 반영하는 느슨하게 구조화된 사회체계로 설명한 것이다. 즉, 사회체계로 간주하여 조직범죄가 외부에서 유입되었다고 보기보다는 내생적으로 발생한 것으로 설명하고 있다. 그에 따르면 조직범죄의 "사회체계는 전문적 범죄자, 정치인, 법집행자 그리고 다양한 기업인을 묶어 주는 관계성으로 구성"되는 반면, 조직범죄의 사회는 경쟁 집단 간의 끝없는 세력투쟁으로 인하여 때로는 혼동스럽다. 그는 전문적 범죄인의 세계를 정치적 경제에 의해 형상화된 것으로 간주하였다(이윤호, 2007a: 117-118). 즉, 다양한 대부분의 하류계층의 인종집단이 실업가, 정치인, 노조지도자 등의 지배하에 자신의 신분상승이나 경제적 이득을 취하기 위하여 이루어진 집단이 조직범죄집단이라는 것이다(김용준, 2011: 458).

### 2) 외생적 음모이론 (또는 외래음모이론, 외부유입이론, Alien Conspiracy Theory)

조직범죄를 외생적 음모이론의 입장에서 보는 시각은 조직범죄의 원인도 외부에서 들어온 이탈리아 시칠리안의 마피아조직이 미국 국내로 들어옴으로써 생긴 것이라는 주장을 한다. 이들이 대대적인 이민시기에 미국에 들어와서 조직범죄집단을 형성했다고 보고 이러한 이민자들의 민족성으로부터 조직범죄의 원인을 찾는 견해이다(이순래 외, 2011: 390-391).

이를 지지하는 근거로는 (ⅰ) 실제 미국에의 이민이 활발하던 시기에 이탈리아 마피아들이 다수 유입된 점, (ii) 미국 범죄조직의 초기 주도층에 이탈리아계가 많았던 점, (iii) 이탈리아와 미국 마피아의 조직 통솔의 특성이 유사하다는 점 (잔인성, 폭력성 등) 등이 제시되어왔다. 외생적 음모이론에 대하여 비판적인 시각도 있는데, 이러한 근거로는 (ⅰ) 이탈리아 마피아(합법적인 수단을 통한 사회구성원으로서의 역할도 중시)와 미국 마피아의 역할이 다소 상이(공포와 폭력을 중시)하다는 점, (ii) 이탈리아계가 집중적으로 이주하기 시작한 19세기말~20세기초 이전에도 미국에 이미 대규모 범죄조직이 존재했다는 점 등이 제시되어왔다. 우리나라의 경우에도 외생적 음모이론에 의한 설명이 가능한 부분이 있을 수 있는데, 이를테면, 일제 시대 야쿠자의 영향이 우리나라 조직범죄 형성에 영향을 미쳤을 수 있다는 것이다. 두발이나 의상, 조직 내 예절, 잔혹한 보복성 등의 범죄조직의 문화가 야쿠자에게서 유입되었을 것이라는 주장이 가능할 수 있다(전대양·송병호, 2004: 78).

### 3) 인종적 승계이론(종족계승이론, Ethnic Succession Theory)

이순래 등(2011, 391-392)은 Toby(1958)의 견해에 따라, 종족계승이론은 조직범죄가 외생적 음모이론에서 주장하듯이 외래로부터 들어온 것이 아니고 미국의 사회적, 경제적 구조 속에서 이민을 해온 다양한 여러 종족들이 살아가기 위한 방편으로서 조직범죄를 만들거나 가입하게 되었고 이것은 시대적으로 다양한 종족들에 의해 계속적으로 계승되는 현상이었다고 보는 주장이라고 설명하고 있다. 20세기의 많은 미국의 도시들에서 활동한 조직범죄집단은 다양한 과정과 방법으로 한 종족집단으로부터 다른 종족집단으로 범죄의 주도권이 넘어가는 과정을 보여주고 있다. 대체로 조직범죄의 주도권을 행사한 순서는 아일랜드 사람(Irish)이 처음이고, 그 후 유태인(Jews), 이탈리아인(Italian)이 계승하였다. 이 이론은 이들 종족집단이 조직범죄를 통해 자신의 신분상승을 위한 수단으로 삼았다는 측면에서 신분상승의 수단이론과도 밀접하게 연결되어 있다고 할 수 있겠다(이순래 외, 2011: 391-392).

### 4) 신분상승의 수단이론

조직범죄를 아노미이론의 시각에서 설명하려는 시도가 있는데, 그러한 시각에서 보면 조직범죄는 미국사회의 지배적인 문화적 목표인 물질적 부의 획득을 위해 제도적 수단을 사용하기 어려운 사람들이 불법적 수단을 동원해서 그 목적을 성취하려고 하는 데서 기인한다고 본다. 조직범죄의 구성원은 대부분 하층계급 출신이고 교육정도도 낮기 때문에 사회의 주요 계층으로 상층 이동할 수 있는 통로가 그리 넓지 않다. 그런 조건하에서 이들이 선택할 수 있는 가장 손쉬운 계층이동 경로는 조직범죄집단을 만들거나 가입해서 범죄활동을 동원하는 방법이 될 것이기 때문이다. 이러한 입장은 다니엘 벨(Daniel Bell, 1964)의 '이동성이라는 이상한 사다리(신분상승의 기묘한 사다리, a queer ladder of social mobility)'라는 표현을 통해서 이야기 하고자 했던 것과 매우 유사하다. 그가 볼 때 조직범죄는 사회의 계층이동의 수단이 막혀있는 도시지역의 이민자 등 가난하지만 부의 축적에 대한 야망을 버리지 않고 있는 사람들이 그들의 꿈에 이르게 해 줄 수 있는 가장 빠르고 손쉬운 수단을 제공하다고 본 것이다. 즉 조직범죄가 다양한 하층계급 인종의 사람들로 하여금 '아메리칸 드림'을 실현시켜 주는 기회를 제공했다고 본다(김영근, 2007: 28).

### 5) 기업이론

1980년대 스미스(Dwight Smith)는 기업이론을 주장하며, 합법적 시장이 잠재적 고객들의 요구를 제대로 충족시키지 못하기 때문에 조직범죄가 생겨난다고 보았다. 그 대표적인 예가 미국의 금주법(禁酒法, prohibition law)시절의 밀주 조직인데, 1919~1930년 미국에서 술의 제조와 판매를 금지하였지만 술에 대한 수요는 여전하였고, 따라서 암시장이 형성되고 범죄조직이 이러한 음성적 제조·유통을 담당하며 이윤 추구한 사례가 그것이다.

기업이론의 핵심은 합법적 기업과 비교할 때 취급 물품이나 대상이 다를 뿐 기타의 모든 활동이 합법적 기업과 차이가 없다는 것이다. 즉, 시장원리가 그대로 적용되어 소비자와 공급자가 존재하고, 수요와 공급의 원리가 적용되어 가격이 결정되는 점이 같다는 것이다. 예컨대, 마약공급이 줄면 시장에서 마약의 가격이 상승하고 마약 획득을 위한 여러 사회적 문제들이 발생할 수 있으며, 마약공급이 늘면 마약의 가격이 하락하고 이 경우 마약에 관심이 없던 사람들이나 청소년 계층도 마약을 사용하게 될 우려가 발생하게 될 수 있다. 유사한 메카니즘에 의하여 마약, 매춘, 도박 등과 관련된 설명이 가능하다.

그러나 합법적 기업과의 차이도 있는데, (ⅰ) 범죄조직은 대개 고수익 사업영역(마약, 불법고리대, 매춘 등)을 선호하고, (ⅱ) 경쟁에서 낙오되거나 이권을 박탈당하면 폭력·협박·부패·약탈 등의 수단을 사용하기도 한다는 점 등이 차이점으로 언급되고 있다(전대양·송병호, 2004: 64-65).

이 이론에 의하면, 매춘이나 마약을 합법화 또는 제한적 합법화하여 국가나 합법적 조직이 운영을 하면, 음성적 수요가 줄어들 것이고, 이렇듯 음성적 수요가 줄면 조직범죄도 따라서 감소할 것이라는 전망이 가능할 수 있다.

# 제 6 절 조직범죄집단의 문화

## 1. 일반론

모든 범죄조직은 중간계급의 가치기준인 야심, 개인적 책임, 기술의 습득과 성취, 보다 큰 보상을 바라는 마음으로 당장의 만족을 연기하는 것, 합리성과 신중, 세련된 언어와 태도, 육체적 폭행과 공격의 회피, 건전하고 건설적인 오락, 재물의 존중을 부정하고 있다. 이를 대항(對抗)문화라고도 하는데, 이러한 범죄조직의 문화상의 특징은 악의성을 가지고 기존의 사회규범을 부정하며 오로지 단기적 쾌락주의를 본질적 내용으로 하는 범죄적 하위문화에 있다. 이 하위문화의 원인은 현존 규범와 그 규범을 충족할 수 있는 가능성 사이의 불일치에서 나온다고 할 수 있으며, 따라서 일반적으로 조직범죄는 그 목적을 달성하기 위하여 협박, 폭력 같은 약탈적인 수단을 사용한다(김영철, 1995: 42).

전대양·송병호(2004: 61)는 대항(對抗)문화적 특징 외에 조직범죄 집단의 문화적 특징으로 (i) 맹목적 충성과 의리 문화, (ii) 명예와 자존심 문화 등을 들었다.

첫째, 맹목적 충성과 의리 문화와 관련하여, 조직범죄는 다른 범죄와는 다른 독특한 하위문화를 형성하는데, 그 대표적인 것이 바로 맹목적 충성과 의리라는 것이다. 그들의 충성과 의리는 반사회적인 것임에도 불구하고 그들은 그것이 사나이다운 남성적 문화라 하여 최고의 덕목으로 숭배한가는 것이다.

둘째, 명예와 자존심 문화와 관련하여, 조직범죄 구성원들은 명예와 자존심을 위해 다른 계파와 피비린내 나는 싸움을 마다하지 않는다. 예컨대, 다른 계파가 자신들의 구역을 침범한 경우 이를 격파하는 것이 정당하다고 인식한다는 것이다.

## 2. 폭력조직의 집단문화

이상현 등(2012: 303)은 일본의 조직폭력단의 경우 그들의 특유한 독자적인 집단문화를 형성하고 있다고 보았는데, 손가락 자르기(단지, 斷指), 문신(tatoo), 특유한 인사방법, 입단의식, 은어사용 등이 이에 해당한다고 하였다.

특히, 그들은 왜 손가락 자르기, 문신 등 스스로의 몸을 자해하는 행위를 하는 것인가와 관련하여, 다음과 같이 설명해 볼 수 있다.

첫째, 의제혈족(擬制血族)으로서의 친근감의 표시라는 것이다. 둘째, 원시적 본능의 발현이라는 것이다. 본래 원시사회에서는 사람이나 사람의 신체일부를 제물로 바치거나 모발, 피 등을 제사 의식에 활용하여 왔다. 이는 정신과 육체의 불가분을 믿는 신념에서 비롯된 것인데, 화합의 기원, 죄에 대한 사죄를 행할 때 이러한 자해를 포함하는 제례의식이 행해져 왔다. 이러한 전통이나 사고가 조폭의 자해적 문화로 이어진 측면이 있다. 셋째, 정신의 퇴행성과 관련된 문제이다(이상현 외, 2012: 303). 신체의 소중함에 대한 인식이나 병리학적 지식부족, 단순하고 저돌적인 사고 등의 퇴행적 사고에서 비롯된 측면이 있을 수 있다. 넷째, 나아가 대외적 위협효과를 고려해 볼 수 있다. 자해행위를 통하여 집단의 강인함을 대외적으로 과시하는 위협 효과를 얻을 수 있다.

## 3. 조직원으로서의 준수사항 – 대표적으로 마피아의 5개의 오메르타(Omerta)

이상현 등(2012: 304)은 마피아 조직세계에서 나타나는 5개의 오메르타(Omerta)의 수칙은 다른 직업적인 범죄에 있어서와 같이 불문율적으로 작용하는 어떠한 힘을 가지고 있다고 보았다.

| 〈 마피아의 5개의 오메르타(Omerta) 〉 |
|---|
| ① 두목에 대한 절대적 복종<br>② 명예를 준수하고 국가기관에 고소하지 말 것<br>③ 조직원의 이름이나 조직의 실체 등 비밀을 누설하지 말 것<br>④ 위난에 대해서는 조직원 상호간 원조<br>⑤ 조직원의 한 사람이 받은 공격은 전원에 대한 공격이라고 생각하여 어떠한 희생을 치루더라도 복수할 것 |

## 4. 조직편성 원리적 측면에서의 문화적 특징

일반적으로 조직 편성의 원리라고 하면, 계층제의 원리, 통솔범위의 원리, 전문화 및 분업화의 원리, 명령통일의 원리, 조정의 원리 등을 들 수 있다. 일반 사회조직에서는 이들 조직 편성의 원리 중, 조정의 원리를 최고의 원리로 여기나, 조직폭력집단에서는 명령통일의 원리(명령일원화의 원리)가 최고의 원리로 기능을 한다. 명령의 일원화는 이중명령을 방지하여 조직의 안정성을 유지하기 위한 것인데, 급변하는 환경에 있는 오늘날은 조직의 동태화가 요구되므로 이런 명령의 통일화 또는 명령의 일원화 원리는 많은 문제제기를 받고 있다. 그러나 조직폭력집단은 위계질서가 바로 생명이므로 이러한 위계질서의 유지를 위해 명령의 일원화를 조직의 최고 원리로 본다(천정환·이동임, 2012: 90).

# 제 7 절 조직범죄의 활동영역

## 1. 범죄조직의 결성 및 가입

범죄단체를 결성하거나 이에 가입하는 행위, 가입을 강요하거나 권유하는 행위, 나아가 금품을 모집하여 지원하는 행위 등만으로도 처벌의 대상이 되는 범죄행위가 된다.

## 2. 폭력 행사

폭력행사는 조직이 추구하는 경제적 이익을 취득하여 위한 주된 수단이다. 구성원의 활동방식과 기여도는 조직 내에서 구선원의 지위를 결정짓는 중요한 요소가 된다(강봉채, 2007: 25).

## 3. 유흥업소 갈취

폭력조직의 활동영역이 확대되고는 있지만, 아직도 그들의 활동이 가장 쉽고 많이 발견되는 곳은 역시 유흥접객업소 주변이라고 할 수 있다. 물론 그들의 활동 중에서도 가장 일반적인 것은 유흥접객업소를 직접 운영하거나 무력으로 지배하는 것이다(이윤호, 2008: 291).

## 4. 주류공급권의 장악

유흥업소를 둘러싸고 벌어지는 폭력조직 사이의 폭력이 행사되는 이유 중의 하나는 바로 유흥업소에 대한 주류나 음료수, 또는 과일 등의 공급권을 장악하기 위한 것이다. 즉, 폭력조직이 이들 업소에 대한 공급권을 독점함으로써 폭리를 취할 수 있기 때문에 공급권의 독점은 폭력조직의 중요한 사업이 된다(이윤호, 2008: 292).

## 5. 앵벌이

일종의 청소년 조직폭력단체라고 할 수 있는 '일진회'와 관련된 연구를 살펴보면, 일진회가 흔히 저지르는 집단적 범죄 유형 중 하나가 이른바 '앵벌이'이다. 흔히 지하철이나 버스를 무대로 껌팔이를 시키는 앵벌이는 성인 조폭의 범행인 것으로 알려져 왔으나 이젠 중·고생 폭력조직도 이와 같은 범행을 저지르는 것으로 드러났다(박성용, 2004: 81).

## 6. 엔터테인먼트산업 진출 및 연예인 갈취

기업형 조폭은 유흥주점이나 불법게임장, 성매매업소 등 전통 영역이 아닌 건설업, 사채업, 유통업, 엔터테인먼트업 등 합법을 가장해 진출했다. 최근에는 주식시장, 인수·합병 등에도 관여한 데 이어 보험사기, 인터넷 도박사이트 등에도 파고들고 있다. 경찰은 조폭들이 엔터테인먼트 산업에 적극 진출하는 양상을 주시하고 있다. 경찰은 이들이 연예인을 상대로 금품을 갈취하거나 사인회, 각종 행사 출연을 강요하고 불공정 계약을 강요하는 등 불법행위를 일삼는 것으로 보고 있다(세계일보, 2013.01.07).

## 7. 부녀매매 및 인신매매

부녀자를 납치하여 유흥가, 사창가, 국외 등에 팔아넘기는 경우 등이 해당된다. 정지일(2007: 27)은 김은경(2002), 허경미(1999), 김영철(1996) 등의 연구를 참고하여, 불법 인신매매의 규모를 정리하였는데, 태국의 사창가로 10,000명 이상의 외국아동이 팔려오고 있다고 하며, 아동매매는 전세계적으로 이미 100만 달러에 상당하는 사업으로 거론된다고 한다(정지일, 2007: 27).

## 8. 성매매

윤락행위란, '불특정인을 상대로 금품 기타 재산상의 이익을 받거나 받을 것을 약속하고 성행위를 하는 것'을 총칭한다. 조직범죄와 관련하여 매매춘이 문제되는 것은 특히 매매춘을 알선·조장·강요·감시하는 행위들 및 자발적 내지 비자발적으로 매매춘에 종사하게 되는 여성의 유인·알선·인신매매 행위들이다(전대양·송병호, 2004: 240).

## 9. 포르노그래피

포르노 산업에서 이익을 취하는 조직범죄의 형태에 대하여는 많은 논의가 있지만, 다음과 같은 주장이 계속되어 왔다. Jack Anderson은 포르노산업에는 표면적으로 사기행각이 만연하고 유령회사로 운영되지만 그 이면에는 범죄조직이 배후를 조정하고 있다고 하며, Guy Strait[7]는 포르노산업은 포르노그래피와 마약을 전문으로 하는 대규모의 카르텔에 의하여 통

7) 참고로 이 자는 1981년에 아동 포르노그래피 제작 혐의로 기소되어 유죄를 선고받은 자이다.

제되고 있다고 고백했다. 또한 G. W. Potter는 조직범죄가 관련되지 않은 포르노그래피는 거의 없다고 하였다(전대양·송병호, 2004: 265).

## 10. 불법 도박 및 사행성 불법영업

폭력조직은 하우스라고 불리는 도박장을 개장하여 고객을 유치한 다음 소위 고리를 뜯거나 현장에서 자금을 빌려준 후 높은 이자를 받으며, 사기도박기술자까지 동원하여 사기도박을 벌이기도 한다. 이러한 도박개장의 경우 도박조직은 사람을 모으고 폭력조직은 관리업무를 맡는 기능적 분담 형태도 나타난다(강봉채, 2007: 22).

## 11. 불법밀입국 알선 및 수송

최근 우리나라에서도 외국인 불법체류자들의 증가와 함께 범죄단체들이 개입한 밀입국관련사례가 빈번히 나타나고 있다. 여아나 젊은 여성들은 유인 또는 납치하여 유흥업소나 사창가에 팔아넘기는 범죄조직들의 행각은 예컨대 인도, 파키스탄 및 태국 등에서는 이미 공공연한 사실로 인식되어 잇는데, 오늘에는 유럽의 여러 국가나 미국 등 진 세계적으로 그 심각성을 더하여 가고 있다(김은경, 2002: 65).

## 12. 밀수

최근 해외교역의 확대와 개방정책에 따른 소비 향략 풍조와 외제품 선호 경향 등으로 인한 밀수가 늘어나고 있어 조직범죄의 활동영역이 더욱 넓혀지고 있다(송태종, 2008: 113).

## 13. 마약류 불법거래

국제조직범죄와 관련하여 가장 먼저 관심의 대상이 되는 분야는 마약류 거래 분야이다. 엄청난 이윤을 남기는 마약류 불법거래는 국제조직범죄의 발전에 큰 몫을 하였다. 또한 마약 불법 거래업은 여타 다른 종류의 불법 거래, 특히 무기의 불법거래와 연계되는 조짐도 점차 나타나고 있어 심각한 문제로 등장하고 있다. 이 밖에 테러집단이 마약거래를 통해 얻은 이익을 활동자금으로 사용하기도 하는 등 마약과 관련된 문제는 점점 심각해지고 있다(신의기, 2004: 43-45).

## 14. 위조 화폐 및 위조 여권 등 제조 · 유통

여권을 위·변조하여 거래하는 조직범죄도 늘어나고 있다. 위·변조된 여권은 주로 출입이 규제된 일본에 재입국을 희망하는 내국인과 국내 불법 취업을 희망하는 중국인이나 중국 동포 등에게 판매되고 있다(송태종, 2008:120).

## 15. 무기 · 총기류 유통 및 밀반입

총기류의 밀반입은 국내외 범죄조직과 연계된 전문 브로커를 통해 외국 상선이나 화물선이 많이 출입하는 부산항 등 항만을 통해 밀거래되고 있는 것으로 알려지고 있다. 그런데 그 반입과 유통의 과정이 은밀하여 적발이 쉽지 않다(구본철: 2006: 28). 국내에 널리 퍼진 불법 총기류의 배후에는 동북아 주변 각국의 불법 무기 시장이 자리하고 있다. 90년대 들어 러시아·중국과 국교를 맺고 교역량이 증가하면서 한국이 이들 나라 총기 밀매

조직에게 매력적인 시장으로 떠오른 것이다. 게다가 주변국 불법 무기 시장은 각 나라의 범죄 조직 손아귀에 들어가 있다(시사저널, 1996. 05. 30 보도).

## 16. 불법 장기 거래

조직범죄단에 의한 불법 장기 거래·매매도 사회적 이슈가 되고 있다. 장기를 적출하기 위한 납치·인신매매, 의학적 지식을 가진 자와의 접촉을 통한 장기 적출, 적출된 장기의 보관 및 운반, 장기 구매자의 물색 및 접촉, 실제 장기 제고 거래 등의 일련의 절차를 개인 범죄자가 하기는 매우 어렵다. 때문에 이는 필연적으로 조직범죄단의 개입이 있을 수밖에 없다. 또한 이러한 불법 장기 거래는 많은 이윤을 남길 수 있으므로 조직범죄단의 자금원으로도 적절하다고 여겨질 수 있다.

## 17. 불법 산업폐기물 처리

범죄조직은 생산업체로부터 산업폐기물을 불법 처리하는 조건으로 많은 이익을 취하고, 이를 다시 수출용 “경제상품”으로 신고 한 후 외국에 판매하여 부수적인 이익을 취하기도 한다. 산업폐기물의 조직적인 불법거래는 특히 주목해야 한다. 왜냐하면 범죄조직이 산업폐기물을 아무데나 버림으로써 정상적인 경쟁관계를 왜곡시키고, 합법적인 산업폐기물 처리업체들이 시장에서 도태될 가능성이 있기 때문이다(이순래 역, 1994).

## 18. 고리대금 등 불법 사금융

서민 등 경제적 약자를 착취하는 대표적인 서민경제 침해범죄인 불법 사금융 범죄도 조직범죄집단의 주요 활동 영역에 해당한다.

## 19. 채권추심 등 민사사건 개입

폭력조직 구성원들은 일반인들의 청부에 응하여 폭력을 행사한다. 아무런 원한 관계나 이해의 대립이 없는 사람에게도 일정한 액수 이상의 돈만 받으면 폭력을 행사한다(백성일, 1990: 205).

## 20. 보험범죄

최근보험 범죄가 급속하게 증가하면서 조직폭력배에 의한 조직적인 보험범죄가 증가하고 있다. 조직적이며 반인륜적인 보험범죄가 나타나 살인·자살·상해·고의적 차량사고 유발·방화 등이 이용되고 있어 사회적으로 큰문제가 되고 있다(신의기, 2006). 조직폭력집단의 구성원들이 고의 교통사고를 유발한 후 마치 우연한 사고인 것처럼 위장하여 사고접수한 후 보험사 보상직원들에게 문신 등을 보이며 자신들이 조직폭력집단원임을 과시한 후 이들을 협박하는 등의 수법으로 보험금을 편취한 혐의로 적발된 사례가 있다(금융감독원, 2005: 15).

## 21. 신용카드 범죄

범죄조직들은 신용카드 가입자의 신용정보를 빼내 현금카드 겸용 은행신용카드를 예금주 몰래 만들어 국내는 물론 해외에서 돈을 인출하는 수법을 사용하거나, 인터넷 등을 이용하여 다른 사람의 신상정보를 캐낸 뒤 각종 신용카드를 부정하게 발급 받아 돈을 인출하는 수법 등을 사용하여 불법수익을 챙기고 있다(송태종, 2008: 119)

## 22. 보이스피싱

보이스피싱은 2000년대 초반 타이완에서 시작된 범죄이다. 이후 중국, 일본, 한국, 싱가포르 등 주로 아시아 지역으로 확산되었다. 한국에는 2006년 중반에 상륙한 후 피해자가 기하급수적으로 늘어났다.

경찰은 한 해에도 수십 명의 보이스피싱 조직을 적발하지만 '몸통'에는 접근하지 못한 채, '깃털'만 잡아들이고 있다. '배후 세력 발본색원'은 공염불이 되고 있다. 두목인 총책은 현지 '안전 가옥'에서 지내며 국내 조직원들에게 스마트폰이나 이메일 등으로 명령을 하달한다. 지금까지 중국 총책은 철저하게 베일에 싸여 있다. 이들의 배후에는 중국이나 타이완의 조직폭력 단체가 버티고 있다. 중국에서는 흑사회나 삼합회 등이 보이스피싱 조직을 운영하거나 관리하며 직·간접적으로 개입하는 것으로 파악된다. 타이완의 폭력 조직 '죽련방'의 하부 조직이 국내에 들어와 보이스피싱을 하다 구속되기도 했다(시사저널, 2012.07.04 보도).

## 23. 부동산 투기 개입

조직폭력단체는 부동산투기에 개입하여 위장거래를 부추기고, 이해관계가 얽힌 분양과정에 개입하여 폭리를 취하고, 경매절차나 건설공사 입찰이나 건축자재 공급과정에 개입하여 막대한 금액의 불로소득을 챙기기도 한다(조병인·손창완, 2007: 1272).

## 24. 자금세탁

자금세탁이란 범죄활동으로 조성된 자금을 금융기관 등을 통하여 합법적인 자금으로 전화시키는 행위로 수입의 존재, 불법적 출처 및 위법한 사용을 은닉하고 그 수입을 합법적인 것으로 위장하는 일련의 과정을 말한다(송태종, 2008: 121).

## 25. 기타

기타 건축자재의 공급 입찰에 개입하거나, 경매에 개입·방해하는 행위, 불법적인 철거 용역 지원, 건설업 개입 등을 통하여 불법적 이익을 추구하고 조직의 유지·성장을 꾀한다. 공생자적 '공생자로서의 조직범죄' 단계에 안정적으로 진입한 범죄조직은 기업잠식 등의 방법을 통하여 합법적 사업에 진출하고 안정적인 소득원을 확보하기도 한다. 이러한 일련의 모든 조직범죄 활동들을 원활히 하고 검거 가능성을 낮추며 형사사법제도로부터 가급적 용이하게 하기 위하여 관련 공무원이나 형사사법기관 종사자, 지역사회 유력인사, 정치인 등에게 상시적으로 뇌물을 제공하는 행위도 조직범죄집단의 일상적인 활동 영역에 포함된다고 볼 수 있을 것이다.

나아가 분쟁지역 국가들 등 세계의 여러 지역들에서는 조직범죄집단에 의하여 경제적 목적, 정치적 목적, 사회적 목적, 종교적 목적 등 각종 목적 달성을 위한 테러행위가 자행되기도 한다(김우준, 2013: 122).

# 제 8 절 조직범죄에 대한 대응

## 1. 사전적 대응 방안

### 1) 유흥적 · 사행적 사업에 대한 단속 · 감독 강화

조직범죄는 유흥업이나 사행적인 사업의 주변에서 성장하게 되므로 관련 정보수집이나 유관기관 간의 협조 강화 등을 통해 이러한 유흥적 · 사행적 사업에 대한 관리감독을 강화해야 한다.

이들 유흥업소는 폭력조직의 서식처이며, 조직의 세를 키우는데 필요한 자금공급처의 역할을 하기 때문에 이들 업소의 파악과 종사자의 구성 및 운영 실태는 폭력조직의 관리에 중요한 자료가 된다. 따라서 폭력조직 관련 업소들에 대해서는 지속적인 단속에 의하여 조직의 역량을 약화 내지 분쇄시켜야 한다(양태규, 2003: 226).

### 2) 자금원 차단

범죄조직 또는 조직적인 범죄단체의 주된 목적이 부의 창출 내지는 순익의 추구에 있으며 실제로도 그러한 범죄단체들은 다양한 불법행위를 통하여 막대한 규모의 수익을 취득하고 있는 것으로 알려지고 있다(탁희성 · 도중진, 2004: 45). 이렇게 해서 얻은 자금이 결국 조직의 생존과 확장을 가져오는 가장 기본적인 토대가 되는 것이다. 그러므로 조직을 운영할 자금원을 봉쇄 · 차단한다면 조직범죄는 자연히 소멸될 수 있을 것이다. 조직범죄의 주요 자금원인 마약류 생산 · 유통, 도박장 운영, 각종 불법적 이권개입 등을 철저히 차단한다면 조직범죄를 감소시킬 수 있을 것이다.

### 3) 국제적 연계의 차단

최근 조직범죄는 국제적으로 연계를 하며 상호 성장하는 특징을 보이고 있다. 국제사회를 무대로 활동하는 국제조직범죄에 대하여는 모든 국가의 공동보조만이 이를 억제할 수 있는 힘이 될 것이다. 따라서 범죄문제에 대한 국제연합의 역할은 더욱 중요하게 부각되고 있으며, 국제연합의 각종 조치들을 국내적으로 수용할 필요 역시 커지고 있다(신의기, 2004: 189).

### 4) 비호세력 연계 차단

조직범죄 집단이 추구하는 막대한 이익은 일반인 입장에서도 큰 유혹이 될 수 있다. 직접 범죄에 가담할 수는 없지만, 주변에서 그러한 범죄의 기반을 묵인하거나 활동을 방조하는 등 여러 방법으로 범죄단체가 활동하고 이익을 취득하는 것을 도울 수 있는 세력이 있다. 이른바 범죄조직의 비호세력이다. 매수되거나 협박당한 형사사법기관 내지 세무기관 관계자 등 공무원, 이익을 제공받는 기업인이나 정치인, 공생관계에 있는 지역사회 유력인사들, 조직범죄단이 그들의 주요 고객이 되는 회계·세무법인 등이 조직범죄단체나 그 구성원들의 비호 세력이다. 이들은 범죄조직과의 공생적 관계를 통해 편의를 제공하고 이익을 분배받는다.

공직 내부적 감시·제보체제를 강화하고, 징계·처벌의 수위를 높이는 한편, 각종 공직윤리교육 등을 현실화하여 이렇듯 범죄조직이 비호세력과 연계하려는 시도를 사전 차단하는 것이 주요할 것이다.

### 5) 국민적 풍토 개선

조직폭력범죄는 감각적 물질주의의 만연으로 형성된 향락·퇴폐의 불건전한 사회풍조가 빚어낸 범죄현상으로 조직폭력범죄를 근절하기 위해서는 이러한 물질추구풍조와 그 결과 확산된 향락·퇴폐풍조를 일소하는 것이 급선무이다(양태규, 2003: 481).

범죄조직이 제공하는 불법적인 재화·용역에 대한 수요가 존재하니, 불법적인 공급도 존재하고, 공급을 위한 불법 세력도 존속을 할 수 있는 것이다. 사회의 건전성을 높이고 투명성을 제고하여 조직범죄가 서식할 수 없는 풍토를 조성하는 것이 중요하다.

### 6) 청소년의 범죄조직 유입 예방

가장 궁극적으로 조직범죄를 감소시킬 방법은 범죄조직의 구성원이 될 사람을 만들지 않는 것이다. 이를 위해 청소년에 대한 낙인을 제거하고 학교·사회교육을 통해 건전한 사회의 일원으로 성장하도록 도와야 할 것이다. 질풍노도의 시기라고 불리는 사춘기와 청소년 시기는 가치관이 완전히 정립되지 않고, 정체성의 혼란을 겪는 시기이므로, 자칫 어리석은 판단과 유혹, 강압, 주변인과 사회 일반에 대한 반항심 등으로 인해 잘못된 선택을 하게 될 수 있다. 현장 교사와 가족, 교육당국 차원의 상시적이고 적극적인 노력이 이들을 범죄조직 유입으로부터 막을 수 있을 것이다.

TV, 영화 등 매스미디어의 영향도 큰 것으로 보인다. 범죄조직이나 조직폭력배들이 미화되거나 긍정적으로 묘사되는 매체들에 대한 제재 수준을 높이고, 가정·학교에서의 시청지도를 강화하여 간접·모방학습을 통한 청소년들의 폭력성 학습을 예방하려는 노력이 증진되어야 할 것이다(김우준, 2013: 172).

## 2. 사후적 대응 방안

조직폭력범죄는 집단의 위력을 배경으로 폭력을 행사함으로써 일반 개인은 말할 것도 없고, 종국에는 국가체제에까지도 도전하는 범죄이다(양태규, 2003: 369). 우리나라의 경우 남북 분단 상황으로 사회적 불안을 야기할 수 있는 범죄에 대해서는 정부가 초기에 적극적으로 대응하고 있을 뿐 아니라 특히 조직폭력범죄의 경우 그들의 활동 장소의 협소성으로 인해 수사기관이 범법행위를 조기 포착하여 강력한 단속을 펼침으로써 미국, 중국, 일본과 같은 대규모 마피아 형태로 성장하여 국가 체제까지 위협할 정도로 발전되지는 않았다. 그러나 조직폭력은 끈질긴 생명력으로 단속이 뜸해지면 더욱 큰 세력을 형성하고 새로운 면역력을 갖고서 더욱 왕성한 활동을 계속하고 있는 것이다.

이렇게 끈질긴 조직폭력의 세력을 위축시키고 근절하기 위해서는 서식 환경을 정비하고 국민들의 폭력 예찬 문화나 청소년의 조직폭력에 대한 동경심을 억제하여 제반 사회 분위기를 조성하는 것도 중요하나 가장 중요한 것은 조직폭력에 대한 수사기관의 지속적인 관심과 관리 및 발호 조짐이 보이는 조직에 대한 강력한 검거활동이라고 할 수 있다(김기범, 2008: 71).

### 1) 수사역량 강화

조직범죄를 척결하기 위하여 수사기관의 수사 역량을 강화하는 것이 반드시 필요한 일이 될 것이다. 그러나 많은 이유로 인해 조직범죄에 대한 수사는 사실 대단히 어려운 과정에 해당된다고 할 수 있다.

우선, 관련자의 진술을 확보하는 것이 어렵다(이윤호, 2008: 295). 이는 피해자와 가해자 양측에 모두 해당된다고 할 수 있다. 일반 범죄의 경우 가해자가 처벌 받으면 피해자는 안도하게 되는 경우가 일반적이나, 조직범죄의 경우에는 일부 가해자가 처벌 받더라도 잔존 세력에 의한 보복 위협이 여전히 존재하거나 오히려 증폭될 가능성이 있으므로 피해자 입장에서는 신고나 기타 진술을 꺼리게 될 수 있다. 이는 목격자 기타 증인의 경우도 마찬가지일 것이다. 가해자도 진술을 꺼릴 수 있다. 일반 범죄의 경우 범죄자는 자수·자복을 하거나, 자백을 하여 형의 양정에 있어서 감경을 받고자 할 수 있으나, 범죄조직 구성원들의 경우 오랜 기간 실형 형기를 보낸 경험이 일종의 경력이 되고, 대우를 받는 근거가 될 수 있으므로 자백을 통한 감경 노력을 기피할 수 있다. 오히려 자수·자백 등을 굴욕적이거나 비겁한 행위로 치부할 수도 있다. 종종 진범인 상급 구성원을 대신하여 죄를 뒤집어쓰는 경우(위장출석과 범인은닉 내지 도피죄의 문제 등)도 오히려 영광스러운 일로 여기며, 이를 억울해하여 진범을 밝히는 등의 행위를 하지 않는다. 동료 등 기타 조직구성원의 가담 여부, 여죄, 기타 관련 정보 등을 수사과정 내지 재판과정에서 발설하는 것도 금기시되며, 만약 발설할 경우 보복을 받게 되기도 하는데, 이러한 여러 가지 이유로 인해, 범죄자는 자신 또는 기타 조직원에 대하여 진술하기를 꺼리며, 이는 수사에 많은 곤란을 초래할 수 있다.

둘째, 조직범죄 척결의 전제는 해당 조직의 구조를 밝히는 것일 텐데, 이렇듯 조직구조를 파헤치기가 곤란하다. 범죄조직은 매우 비밀스럽게 조직되며, 명령을 주고받는 자 이외에는 다른 구성원을 알기가 어려운 경우도 많다고 한다. 심지어 두목이 누구인지 모르는 경우도 있다고 한다. 이러한 조직구성의 은밀성은 범죄조직에 대한 수사에 지장을 초래할 수 있다. 범죄조직은 역할과 분담이 철저한 것으로 알려져 있다. 이러한 분업화적 역할 분담, 명령 전달, 명령 실행 등의 과정은 외부는 물론 조직의 다른 구성원에게도 잘 알려지기 어렵다. 이러한 조직구조 자체의 비밀성, 분업화된 역할 분담, 명령과 수행과정의 은밀성 등의 이유로 조직범죄에 대한 수사는 어렵다.

셋째, 다른 일반 범죄에 대한 수사보다 조직범죄에 대한 수사는 수사 자체의 위험성이 크고, 수사과정에서 조직구성원들이 인지될 여지가 크다. 범죄조직 구성원들은 대개 각종의 흉기를 소지하고 있는 경우가 많으며, 혼자 행동하기 보다는 여럿이 모여 활동하는 경우가 많으므로 수사관이 이들에게 노출될 경우 신변의 위협을 느낄 수 있는 등 수사 자체가 상당히 위험한 것으로 알려져 있다. 또한 잠복, 감시, 미행의 경우에도 다수인의 범죄조직 단원들의 감시나 경계로 인해 노출·발각될 가능성이 크며, 이런 경우 마찬가지로 수사관은 매우 위험한 상황에 놓이게 될 수 있다.

넷째, 일정 수준 이상으로 성장한 범죄조직은 이들을 비호하는 세력을 구축하고 있기 마련이다. 매수되거나 협박당한 형사사법기관 내지 세무기관 관계자 등 공무원, 이익을 제공받는 기업인이나 정치인, 공생관계에 있는 지역사회 유력인사들, 조직범죄단이 그들의 주요 고객이 되는 회계·세무법인 등이 조직범죄단체나 그 구성원들의 비호 세력이 되며, 이들은 평상시에도 각종의 방법을 통하여 관련 범죄조직의 존재 및 행위의 정당성을 지지하며, 검거·수사·재판 등에 당하여는 관련 범죄사실을 축소·은폐하여 사건을 무마시키기 위하여 노력을 전개한다. 이러한 세력의 힘이나 노력의 정도가 강할수록 수사기관은 위축되고 수사는 난항을 겪게 될 것이다.

위에서 살펴본 바와 같은 등의 여러 가지 이유로 인해 조직범죄에 대한 수사는 사실 대단히 어려운 과정에 해당된다고 할 수 있겠으나, 수사역량을 극대화하여 조직범죄를 척결하고자하는 노력은 지속되어야 한다. 아래에서 수사역량 강화방안들을 살펴보기로 하겠다.

### ① 수사 환경의 개선

조직폭력 수사는 수사관의 의지의 산물이라고 해도 과언이 아니다. 따라서 수사관의 사기를 제고하기 위한 수사여건의 개선이 시급하다. 무엇보다 과다한 근무량의 해소가 필요한데 이를 위해서는 수사 인력을 증원하는 양적 접근방법과 근무시간의 구성과 업무방식을 개선하는 질적 접근방법이 동시에 필요하다. 또한 근무시간과 업무방식은 해당 업무에 따라 분업과 전문화가 따라야 한다(김기범, 2008: 93).

수사·검거장비는 효율적인 수사를 위해서, 또한 수사관의 안전을 위해서 현대화할 필요가 있다. 그럼에도 우리의 수사·검거 장비는 노후화되어있고 조직폭력의 특성을 고려한 수사장비는 부족한 실정이다. 따라서 수사·검거 장비를 개발하는 별도의 팀을 구성할 필요가 있다(김기범, 2008: 94).

구태의연한 단기간, 일회적인 특별작전 대신 지속적이고 연중 실시되는 단속으로 변화되어야 한다. 조직폭력은 '소나기는 피해가라'는 말처럼 특별 단속 기간 중에는 수면 아래 잠수하였다가 기간이 끝나면 다시 부상하여 왕성한 활동을 개시한다. 그러므로 상시 단속체제를 구축하여 쉼 없이 단속하는 것이 중요하다. 또한 단속의 중점을 검거인원보다 검거대상의 중요도에 두어 단속을 행하여야 한다(김기범, 2008: 95).

### ② 효율적 수사 체계의 마련

조직폭력 관련 정보자료는 수사의 실효성을 담보할 수 있도록 통합적으로 체계화되어 관리되어야 한다. 그러나 동시에 정보관리는 국민의 프라이버시 침해라는 한계를 준수하여야 한다. 조직폭력 정보의 효율성을 제고하기 위해서는 타 기관과 자료관리시스템의 통합을 이루어야 하겠다. 이는 조직범죄에 대한 보다 많은 자료를 수집할 수 있게 할 수 있을 뿐 아니라 자료의 관리나 검색을 용이하게 하며 운용과 비용면에서도 절감효과를 가져올 수 있을 것이다. 특히 국제범죄조직의 국내 유입 또는 국내조직과 국제 조직 간의 연계가 예상되는 현 추세를 감안한다면 국가정보원의 탁월한 국제정보수집능력을 이용하기 위해 국가정보원의 해외범죄정보시스템과의 연계 또한 적극적으로 고려해 보아야 할 것이다(김기범, 2008: 98).

### ③ 수사 전술의 향상

조직폭력수사에서는 수사보안이 99% 이상 수사성공의 열쇠를 쥐고 있다고 하여도 과언이 아니다. 조직폭력배수사를 진행하다 보면 서서히 수사보안의 중요성이 인식되기 시작하다가, 나중에는 수사보안이 전부인 것처럼 생각되기도 한다. 수사보안이 안된다면, 99명의 수사요원이 힘들여 쌓아올린 공든 탑이 단 한 사람의 수사기밀누설로 허사가 된다. 수사팀에서 밤장을 못자고 공들여 소재파악을 하며 검거 직전단계에 이르렀다가, 단 한 사람의 실수로 보안이 누설되어 원점으로 돌아가 소재수사의 어려움을 겪게 되는 경우가 많다(양태규, 2003: 374-375).

수사기밀누설과 관련하여 흔히 문제가 되는 것은 수사 중에는 수사팀 구성원들이 수사 보안의 필요성을 저절로 느껴 그런대로 보안이 유지되다가, 수사가 종료된 후에는 이러한 보안의식이 약화됨으로 인하여 사석 등에서 자랑삼아 수사비화 등을 털어 놓게 되어 보안사항이 누설되는 경우가 많다(검거 형사의 무용담, 과시, 성공담 등). 때문에 보안유지능력을 투철하게 갖고 정보를 누설해서는 안 될 것이다. 공무소, 금융기관 등에의 조회과정에서 누설되는 경우도 있다. 또한 고의적인 누설 외에도 부적절하거나 미숙한 수사활동 으로 말미암아 누설되는 경우가 허다하다. 사람들에서 불필요하게 신분을 노출하거나, 언행으로 신분을 파악할 여지를 주는 경우가 있다(양태규, 2003: 375-376).

「범죄단체 구성 등 죄」로 처벌함에 있어 판례는 조직의 명칭, 조직의 목적, 조직의 결성시기·장소, 관할구역, 행동강령, 지휘통솔체계, 조직의 연속성, 조직유지 자금, 조직목적에 부합한 개별 범죄행위, 단합대회 및 합숙, 조직이탈시 벌칙관계 등을 고려하고 있다. 이 요소들에 대해서는 소명 내지 증명이 필요한 바, 폭력조직의 목적은 조직원들의 개별범행을 대상으로 그 범법행위들의 유형을 모아 추궁함으로써 그들 조직이 폭력을 수단으로 불법적인 경제적 이익의 취득을 목적으로 한다는 것을 드러낼 수 있다.

결성식, 단합대회, 합숙 등은 잠복하여 채증을 하여야 하고 관할구역을 드러내기 위해서는 관할구역 내 순찰장면 또는 채증이 필요하며 지휘통솔체제 또한 조직원들의 경조사 시 선·후배 간 굴신경례를 하는 장면에 대한 채증으로 이를 보장하여야 한다. 최근 이러한 구성요소들에 대한 증거자료 확보에 있어 주목할 만한 것은 조직폭력 세계에도 인터넷 사용자가 많다는 것이다. 특히 젊은 조직원들이 이런 경향이 강한데 이들이 가입한 싸이월드나 인터넷 까페 등을 확인하면 조직의 활동상을 사진이나 글로 남겨둔 것을 확보할 수 있다. 그 사이트에는 단합대회·순찰활동·경조사 등의 사진과 댓글 등이 남겨진 경우가 많이 있는데 이러한 사이트 내의 사진과 글은 그 자체로도 증거자료가 될 수 있을 뿐 아니라 조직폭력배들을 심문할 때 조직의 범죄단체성 인정 진술을 이끌어낼 수 있는 추궁자료가 되기도 한다. 증거자료의 확보뿐만 아니라 이러한 정황이 잘 드러나도록 수사서류를 잘 작성하는 것도 매우 중요하다(김기범, 2008: 100-101).

#### ④ 법·제도상 개선방안

조직폭력범죄는 그 범죄행위의 은밀성과 조직성으로 인하여 증거나 진술을 확보하기 어려운데, 증인을 확보하는 경우에도 폭력조직의 보복, 협박 등이 두려워 증인이 진술을 거부하는 경우가 많다. 또한 조직 내부의 관련인이 진술하는 경우는 폭력조직을 파악하는 직접적인 중요한 자료가 되기 때문에, 이러한 증인 등에 대하여 면책 등의 혜택을 주는 방법이 필요하다(강봉채, 2007: 48-49).

조직범죄의 수사와 관련하여 범죄조직의 내부자로부터 협조를 이끌어내는 방안, 즉, 형사면책제도(공범증인면책제도)를 모색해야할 필요성이 강조되고 있다. 즉 이와 같은 협조가 있으면 수사기관의 부담이 덜어지고 수사의 효율성이 제고될 것이다. 협조한 조직원의 범죄에 대한 형사처벌을 면제하거나 감경할 수 있다는 보상이 주어지면 수사기관에 좀 더 적극적으로 협조할 수 있는 계기가 될 것이다(도중진, 2004: 152-153).

우리나라에서의 조직범죄는 아직은 미국이나 일본의 경우처럼 심각하다고는 할 수 없지만 조직범죄는 폭력이나 불법행위를 통하여 경제적 이익을 취득하던 단계를 벗어나 상당한 수준의 자금을 확보하고 이를 합법적인 사업에 투자하여 이익을 취하는 단계로 변모하고 있다. 조직범죄의 규모가 커지고, 활동영역이 지역과 국가를 벗어나 이익이 있는 곳이면 세계 어느 곳에서도 범죄행위를 하고 있다는 사실은 일반 형사법만으로는 조직범죄를 예방하거나 진압할 수 없다는 것을 보여준다(송태종, 2004: 152).

우리나라에서는 형법에서 범죄단체조직죄(제114조)를, 폭력행위등처벌에관한법률에서 범죄단체 구성·가입·활동죄(제4조)를, 특정범죄가중처벌등에관한법률에서 보복범죄의 가중처벌과 증인에 대한 보호를, 특정강력범죄의처벌에관한특례법과 특정범죄신고자등보호법은 증인의 신변안전을, 통신비밀보호법은 감청을, 상법은 법인의 형태를 취한 폭력조직의 해산명령제를, 특정금융정보의보고및처벌등에관한법률에는 범죄수익의 몰수·추징 등을 규정하여 조직폭력에 대해 각 법률에서 개별적으로 규제하고 있다. 이처럼 조직범죄에 대한 규제를 각 법률에 분산시켜 운용하기 때문에 사회·경제 정세의 변화에 따라 날로 국제화·다양화·지능화되며 진화하는 조직폭력범죄에 신속히 실효성 있게 대응할 수 없는 실정이다(양태규, 2003: 333). 따라서 조직폭력에 적절히 대응할 수 있는 종합적인 규제 법규의 제정에 대한 심도있는 검토가 필요하다고 할 것이다(김기범, 2008: 92).

### 2) 교정역량의 강화

#### ① 조직범죄 교정에 대한 관심 환기

범죄조직원도 언젠가는 일정형기를 마치면 출소하게 되는데다가 교정 처우의 원래 목적 또한 재소자의 정상적인 사회 복귀에 있다는 점을 고려한다면 유독 폭력조직원에게만 경직된 엄벌위주의 처우로써 불이익을 주는 것은 불공평할 뿐만 아니라 오히려 자포자기를 통한 재범의 가능성을 높여 재입소하는 악순환을 되풀이할 우려가 있다. 따라서 조직범죄자가 출소 후 조직을 이탈하고 정상적인 직업을 가질 수 있도록 교정 처우의 방법 또한 검토되어야 한다(한인섭, 1991: 379-380).

### ② 교정전문 시설의 설치·운영

형사 정책적 관점에서 처우의 합리화·과학화에 합당할 수 있도록 죄명에 따른 적정한 유형의 교도소, 즉 폭력조직 전담교도소 아니면 광의로 해석하여 폭력배 전담 교도소를 설치·운영할 필요가 있다(노인수, 1994: 388). 이렇게 폭력배만을 전담 수용함으로써 혼거수용에서 오는 문제점들을 해결할 수 있을 뿐만 아니라 이들만을 전문적으로 교화·순화할 수 있는 프로그램의 개발 역시 쉬워지며, 또 업무의 전문화를 꾀할 수 있다(양태규, 2003: 546).

### ③ 다이버전(Diversion)의 활성화 검토

격리와 개선을 비교하여 후자의 이익이 크다고 판단되는 경우에는 시설 내 수용 등 유입을 피하는 다이버전 등이 보다 바람직스럽고 합리적이다. 다만 이 같은 다이버전의 활성화는 사회적 위험성과 사회적 비난가능성이 매우 높은 폭력조직에 대해서는 엄격히 적용하여야 한다. 결론적으로 형사 정책적 차원에서 장기적으로는 형벌과 현행제도의 합리적 조정으로 교도소에의 유입인구를 줄여 가는 정책적 노력이 필요하다(한인섭, 1991: 381).

### ④ 범죄조직 탈퇴 지원

폭력조직으로 시설 내 수용은 되었다고는 하지만 그 조직으로부터 탈퇴하여 자유인으로서 생을 영위하고 싶어 하는 수용자도 많이 있을 것이다. 따라서 이들에 대한 정책적 지원이 집중적이고 계속적으로 이루어져야 할 것이다. 취업알선 및 주거나 학비지원, 문신제거 지원 등 각종 정책적 배려가 있어야 할 것이다(양태규, 2003: 548).

⑤ **인간화 교육**

장기형을 선고한다고 하여 이들을 교도소에서 장기간 '썩혀 두는 데' 만족할 수는 없다. 비록 '위험한' 수형자들도 석방되어야 한다는 점, 그렇지 않을 경우에는 그들이 '더 위험해질 수 있다'는 사실에 주목하여 시설 내에서도 인간화에 역점을 둔 교육을 통하여 수형자의 자유생활을 준비시키는 방향으로 개선하여야 한다. 목회자·승려·교수 등 사회지도층 인사나 시민단체 등과 연대한 교육도 매우 중요하다(양태규, 2003: 549).

⑥ **출소대책 개선**

대체적으로 폭력 조직원들은 출소 후 안정된 직업과 경제적 문제의 해결이 탈퇴의 주요변수이다. 따라서 출소 후의 항구적이고 안정된 생활을 보장하기 위한 방향으로의 직업훈련이 이루어져야 할 것이다. 기존에는 벽돌쌓기·목공·이발·용접 등의 직업훈련을 실시함으로써 출소 후에도 크게 도움이 되지 못하고 다시 재범의 길로 들어서는 데 주저하지 않았던 것이 사실이다(양태규, 2003: 550).

### 3) 조직범죄 피해자 지원 강화

① **피해자를 위한 경찰의 역할**

조직범죄에 관한 한 피해자가 쉽게 경찰에게 도움을 요청할 수 있는 방안이 마련되어야 하고, 그 내용이 널리 홍보되어 조직범죄에 의해 피해자로 하여금 자신의 피해회복을 경찰에게 요청할 수 있도록 하여야 한다. 조직범죄의 경우 보통 조직원이 검거된 경우 다른 조직원이 피해자를 위협한다. 이 경우 피해자가 그 위협에 굴복할 경우 검거된 조직원은 경미한 처벌을 받게 됨과 동시에 피해자는 다시 범죄조직의 표적이 되는 경우도 있다. 출소 후의 조직원에 의한 위협을 피해자는 쉽게 극복할 수 없다. 따라서 경찰이 피해자에 대한 후원자로서의 역할을 담당할 수 있는 여건이 마련되어야 한다(정지운, 2010: 17).

### ② 경찰의 피해자 지원 필요성

모든 범죄의 일선에 경찰이 있듯이 조직범죄에 있어서도 경찰이 일선에서 활동하고 있다. 조직범죄가 발생하면 가장 먼저 그 범죄를 수사하는 기관은 경찰이다. 이것은 경찰이 각 지역별 조직원에 관한 정보를 관리하며, 조직원을 통제할 수 있는 능력이 있기 때문이다. 따라서 조직범죄의 피해자에 대한 경찰의 역할도 경찰의 조직범죄의 통제능력과 밀접하게 이루어질 수 있다. 따라서 경찰이 범죄피해자를 위한 역할을 필요성은 범죄의 발생과 동시에 관여하는 경찰의 역할 그 자체에서 나오는 당연한 기대라고 할 것이다(정지운, 2010: 19).

### ③ 피해자보호기구의 구성방안

경찰의 역할의 수행과 노력이 최근 범죄피해자에 대한 관심과 범죄피해자를 위한 경찰의 역할증대 요구에 부응할 수 있는 만족할만한 수준은 아니다. 하지만 이제는 피해자를 위한 경찰의 역할을 중요시할 때이다. 왜냐하면 피해자를 위한 국가기관으로서의 역할이 새로운 국제적인 조류와 함께 우리나라에서도 강하게 요청되고 있기 때문이다.

경찰에서 피해자를 위한 실질적인 역할을 담당하기 위해서는 경찰조직에 피해자를 위한 기구가 현실화할 수 있도록 설치·운영되어야 한다. 피해자를 위한 역할을 담당할 경찰관의 교육훈련도 매우 중요하다. 실제로 경찰활동의 중심축은 범죄인의 검거 등이다. 따라서 아무리 범죄피해자를 위한 경찰의 역할을 강조하여도 그 역할을 수행하기 위한 자질과 능력이 없다면 어렵다고 할 것이다. 따라서 조직범죄 피해자에 대한 초기대응부터 공판절차 그리고 형집행절차까지 이어지는 피해자를 향한 각종 위협에 효과적으로 대응할 수 있는 방안을 강구하고 피해자를 보호할 경찰관을 교육할 수 있어야 할 것이다(정지운, 2010: 19-21).

# 제4장 마약류 범죄

## 제 1 절 마약류 범죄의 의미

The American Dictionary of Criminal Justice(2001)에서는 '마리화나, 코카인, 크랙, 헤로인, 메스암페타민 등 일체의 불법적이고 통제를 받는 약물들을 투약하거나 소지하거나 제조하거나 제공하는 등을 망라하는 범죄적 행위'를 마약류 남용 및 마약류 남용 관련 범죄로 규정하고 있다(Champion, 2001: 48). 또한, 마약류테러범죄(narco-terrorism)에 관하여, 테러리스트 그룹과 마약류 공급 카르텔들 간의 정치적 연합체로서 작용되는 것이라고 개념짓고 있는데, 이러한 카르텔들은 테러리스트들을 위한 자본을 조달하기도 하며, 테러리스트들은 마약류 거래자들에 대하여 준군대식의 보호 체계를 제공하는 등 상호 공생적 기능을 하기도 한다고 한다(Champion, 2001: 90).

강맹진(2011) 마약류범죄라 함은 마약과 대마 및 향정신성의약품과 관련된 법규를 위한한 범죄를 총칭하는 의미로 사용된다고 하며, 마약류를 제조·소지·사용·매매하는 등의 행위를 함으로써 성립하는 범죄라고 할 수 있다고 하였다.

한편 세계보건기구(WHO)는 마약류에 대한 정의를 약물사용에 대한 욕구가 강제적일 정도로 강하고(의존성), 사용약물의 양이 증가하는 경향이 있으며(내성), 사용을 중단할 경우 신체적으로 고통과 부작용이 따르며(금단현상), 개인에 한정되지 않고 사회에도 해를 끼치는 약물(파급성)로 규정하고 있다(강맹진, 2011: 183).

이에 더하여, 전대양(2002)은 재발현상도 마약류의 한 특징으로 보고 있다.

재발현상은 마약류의 복용을 중단한 뒤에도 부정기적으로 과거에 마약류를 복용했을 당시의 환각상태가 나타나는 현상이다. 환각제 남용자에게 주로 많이 볼 수 있는데 마약류를 끊기 힘든 이유 중의 하나가 바로 이런 재발현상이다. 상당한 기간 동안 성공적인 과정을 밟아가던 환자들이 어느 날 갑자기 찾아온 재발현상 때문에 다시 옛날로 돌아가는 경우를 자주 볼 수 있다(전대양, 2002: 219).

## 제 2 절 우리나라의 관련 법규

마약·향정신성의약품(向精神性醫藥品)·대마(大麻) 및 원료물질의 취급·관리를 적정하게 함으로써 그 오용 또는 남용으로 인한 보건상의 위해(危害)를 방지하여 국민보건 향상에 이바지하기 위하여 「마약류 관리에 관한 법률」이 시행되고 있다.

이 법에서는 마약류와 관련된 용어들에 대하여 광범위하게 정의하고 있는데, 그 중 주된 내용을 살펴보면 다음과 같다(「마약류 관리에 관한 법률」 제2조).

1. "마약류"란 마약·향정신성의약품 및 대마를 말한다.
2. "마약"이란 다음 각 목의 어느 하나에 해당하는 것을 말한다.
   가. 양귀비: 양귀비과(科)의 파파베르 솜니페룸 엘(Papaver somniferum L) 또는 파파베르 세티게룸 디·시(Papaver setigerum D·C)
   나. 아편: 양귀비의 액즙(液汁)이 응결(凝結)된 것과 이를 가공한 것. 다만, 의약품으로 가공한 것은 제외한다.
   다. 코카 잎[엽]: 코카 관목[(灌木): 에리드록시론속(屬)의 모든 식물을 말한다]의 잎. 다만, 엑고닌·코카인 및 엑고닌 알칼로이드 성분이 모두 제거된 잎은 제외한다.
   라. 양귀비, 아편 또는 코카 잎에서 추출되는 모든 알카로이드로서 대통령령으로 정하는 것
   마. 가목부터 라목까지에 열거된 것과 동일하게 남용되거나 해독(害毒) 작용을 일으킬 우려가 있는 화학적 합성품으로서 대통령령으로 정하는 것

바. 가목부터 마목까지에 열거된 것을 함유하는 혼합물질 또는 혼합제제. 다만, 다른 약물이나 물질과 혼합되어 가목부터 마목까지에 열거된 것으로 다시 제조하거나 제제(製劑)할 수 없고, 그것에 의하여 신체적 또는 정신적 의존성을 일으키지 아니하는 것으로서 총리령으로 정하는 것[이하 "한외마약"(限外麻藥)이라 한다]은 제외한다.

3. "향정신성의약품"이란 인간의 중추신경계에 작용하는 것으로서 이를 오용하거나 남용할 경우 인체에 심각한 위해가 있다고 인정되는 다음 각 목의 어느 하나에 해당하는 것으로서 대통령령으로 정하는 것을 말한다.

가. 오용하거나 남용할 우려가 심하고 의료용으로 쓰이지 아니하며 안전성이 결여되어 있는 것으로서 이를 오용하거나 남용할 경우 심한 신체적 또는 정신적 의존성을 일으키는 약물 또는 이를 함유하는 물질

나. 오용하거나 남용할 우려가 심하고 매우 제한된 의료용으로만 쓰이는 것으로서 이를 오용하거나 남용할 경우 심한 신체적 또는 정신적 의존성을 일으키는 약물 또는 이를 함유하는 물질

다. 가목과 나목에 규정된 것보다 오용하거나 남용할 우려가 상대적으로 적고 의료용으로 쓰이는 것으로서 이를 오용하거나 남용할 경우 그리 심하지 아니한 신체적 의존성을 일으키거나 심한 정신적 의존성을 일으키는 약물 또는 이를 함유하는 물질

라. 다목에 규정된 것보다 오용하거나 남용할 우려가 상대적으로 적고 의료용으로 쓰이는 것으로서 이를 오용하거나 남용할 경우 다목에 규정된 것보다 신체적 또는 정신적 의존성을 일으킬 우려가 적은 약물 또는 이를 함유하는 물질

마. 가목부터 라목까지에 열거된 것을 함유하는 혼합물질 또는 혼합제제. 다만, 다른 약물 또는 물질과 혼합되어 가목부터 라목까지에 열거된 것으로 다시 제조하거나 제제할 수 없고, 그것에 의하여 신체적 또는 정신적 의존성을 일으키지 아니하는 것으로서 총리령으로 정하는 것은 제외한다.

4. "대마"란 대마초[칸나비스 사티바 엘(Cannabis sativa L)]와 그 수지(樹脂) 및 대마초 또는 그 수지를 원료로 하여 제조된 모든 제품을 말한다. 다만, 대마초의 종자(種子)·뿌리 및 성숙한 대마초의 줄기와 그 제품은 제외한다.

5. "마약류취급자"란 다음 가목부터 사목까지의 어느 하나에 해당하는 자로서 이 법에 따라 허가 또는 지정을 받은 자와 아목 및 자목에 해당하는 자를 말한다.

가. 마약류수출입업자: 마약 또는 향정신성의약품의 수출입을 업(業)으로 하는 자

나. 마약류제조업자: 마약 또는 향정신성의약품의 제조[제제 및 소분(小分)을 포함한다. 이하 같다]를 업으로 하는 자

다. 마약류원료사용자: 한외마약 또는 의약품을 제조할 때 마약 또는 향정신성의약품을 원료로 사용하는 자

라. 대마재배자: 섬유 또는 종자를 채취할 목적으로 대마초를 재배하는 자

마. 마약류도매업자: 마약류소매업자, 마약류취급의료업자, 마약류관리자 또는 마약류취급학술연구자에게 마약 또는 향정신성의약품을 판매하는 것을 업으로 하는 자

바. 마약류관리자: 「의료법」에 따른 의료기관(이하 "의료기관"이라 한다)에 종사하는 약사로서 그 의료기관에서 환자에게 투약하거나 투약하기 위하여 제공하는 마약 또는 향정신성의약품을 조제·수수(授受)하고 관리하는 책임을 진 자

사. 마약류취급학술연구자: 학술연구를 위하여 마약 또는 향정신성의약품을 사용하거나, 대마초를 재배하거나 대마를 수입하여 사용하는 자

아. 마약류소매업자: 「약사법」에 따라 등록한 약국개설자로서 마약류취급의료업자의 처방전에 따라 마약 또는 향정신성의약품을 조제하여 판매하는 것을 업으로 하는 자

자. 마약류취급의료업자: 의료기관에서 의료에 종사하는 의사·치과의사·한의사 또는 「수의사법」에 따라 동물 진료에 종사하는 수의사로서 의료나 동물 진료를 목적으로 마약 또는 향정신성의약품을 투약하거나 투약하기 위하여 제공하거나 마약 또는 향정신성의약품을 기재한 처방전을 발급하는 자

6. “원료물질”이란 마약류가 아닌 물질 중 마약 또는 향정신성의약품의 제조에 사용되는 물질로서 대통령령으로 정하는 것을 말한다.

7. “원료물질취급자”란 원료물질의 제조·수출입·매매에 종사하거나 이를 사용하는 자를 말한다.

8. “군수용마약류”란 국방부 및 그 직할 기관과 육군·해군·공군에서 관리하는 마약류를 말한다.

9. “치료보호”란 마약류 중독자의 마약류에 대한 정신적·신체적 의존성을 극복시키고 재발을 예방하여 건강한 사회인으로 복귀시키기 위한 입원 치료와 통원(通院) 치료를 말한다.

이 법 제2조의2에서는 국민이 마약류 등을 남용하는 것을 예방하고, 마약류 중독자에 대한 치료보호와 사회복귀 촉진을 위하여 연구·조사 등 필요한 조치를 할 국가와 지방자치단체의 책임을 명시하고 있으며(동조 제1항), 마약류 중독자에 대하여 치료의 대상으로 인식하고 건강한 사회구성

원으로 자립할 수 있도록 일반 국민들에 대한 협조를 구하고 있다(동조 제2항).

「마약류 관리에 관한 법률」 제3조에서는 마약류와 관련된 각종의 금지행위를 규정학고 있는데, 자세한 내용을 살펴보자면 다음과 같다.

1. 이 법에 따르지 아니한 마약류의 사용
2. 마약의 원료가 되는 식물을 재배하거나 그 성분을 함유하는 원료·종자·종묘(種苗)를 소지, 소유, 관리, 수출입, 수수, 매매 또는 매매의 알선을 하거나 그 성분을 추출하는 행위. 다만, 대통령령으로 정하는 바에 따라 식품의약품안전처장의 승인을 받은 경우는 제외한다.
3. 헤로인, 그 염류(鹽類) 또는 이를 함유하는 것을 소지, 소유, 관리, 수입, 제조, 매매, 매매의 알선, 수수, 운반, 사용, 투약하거나 투약하기 위하여 제공하는 행위. 다만, 대통령령으로 정하는 바에 따라 식품의약품안전처장의 승인을 받은 경우는 제외한다.
4. 마약 또는 향정신성의약품을 제조할 목적으로 원료물질을 제조, 수출입, 매매, 매매의 알선, 수수, 소지, 소유 또는 사용하는 행위. 다만, 대통령령으로 정하는 바에 따라 식품의약품안전처장의 승인을 받은 경우는 제외한다.
5. 향정신성의약품 또는 이를 함유하는 향정신성의약품을 소지, 소유, 사용, 관리, 수출입, 제조, 매매, 매매의 알선 또는 수수하는 행위. 다만, 대통령령으로 정하는 바에 따라 식품의약품안전처장의 승인을 받은 경우는 제외한다.

6. 향정신성의약품의 원료가 되는 식물에서 그 성분을 추출하거나 그 식물을 수출입, 매매, 매매의 알선, 수수, 흡연 또는 섭취하거나 흡연 또는 섭취할 목적으로 그 식물을 소지·소유하는 행위. 다만, 대통령령으로 정하는 바에 따라 식품의약품안전처장의 승인을 받은 경우는 제외한다.
7. 대마를 수입하거나 수출하는 행위. 다만, 마약류취급학술연구자가 대통령령으로 정하는 바에 따라 식품의약품안전처장의 승인을 받아 수입하는 경우는 제외한다.
8. 대마(대마초는 제외한다)를 제조하는 행위. 다만, 마약류취급학술연구자가 대통령령으로 정하는 바에 따라 식품의약품안전처장의 승인을 받아 제조하는 경우는 제외한다.
9. 대마를 매매하거나 매매를 알선하는 행위
10. 다음 각 목의 어느 하나에 해당하는 행위
가. 대마 또는 대마초 종자의 껍질을 흡연 또는 섭취하는 행위
나. 가목의 행위를 할 목적으로 대마, 대마초 종자 또는 대마초 종자의 껍질을 소지하는 행위
다. 가목 또는 나목의 행위를 하려 한다는 정(情)을 알면서 대마초 종자나 대마초 종자의 껍질을 매매하거나 매매를 알선하는 행위
11. 마약류 관련 법규에 의해 금지되는 행위를 하기 위한 장소·시설·장비·자금 또는 운반 수단을 타인에게 제공하는 행위

# 제 3 절 우리나라 마약류 범죄 현황

대검찰청(2013)이 최근 간행한 「2012 마약류 범죄백서」의 내용을 토대로 우리나라 마약류 범죄의 현황을 대략적으로 개관해보기로 하겠다.

〈표 1〉 연도별 마약류 사범 추세

(단위 : 명)

| 마약류＼연도별 | 2008 | 2009 | 2010 | 2011 | 2012 |
|---|---|---|---|---|---|
| 합 계 | 9,898<br>(-7.1) | 11,875<br>(20.0) | 9,732<br>(-18.0) | 9,174<br>(-5.7) | 9,255<br>(0.9) |
| 마 약 | 1,396<br>(45.7) | 2,198<br>(57.4) | 1,124<br>(-48.9) | 759<br>(-32.5) | 582<br>(-23.3) |
| 향 정 | 7,457<br>(-12.5) | 7,965<br>(6.8) | 6,771<br>(-15.0) | 7,226<br>(6.7) | 7,631<br>(5.6) |
| 대 마 | 1,045<br>(-10.7) | 1,712<br>(63.8) | 1,837<br>(7.3) | 1,189<br>(-35.3) | 1,042<br>(-12.4) |

* ( )는 증감률

** 대검찰청. (2013). 「2012 마약류 범죄백서」. p.127.

1995년 이후 증가 추세에 있던 전체 마약류 사범이 1999년 처음으로 10,000명 선을 넘어선 뒤 2002년까지 4년 연속 10,000명 선을 상회하였으나, 2002년도에 실시된 강력한 단속으로 밀수 등 공급조직 10개파 224명(구속 162명)이 단속되었고, 이로 인한 마약류 공급선 차단 등으로 2003년부터 2006년까지 4년간 7,000명 선으로 감소하였으며, 2007년도부터는 다시 10,000명 선으로 증가하다가 2010년도부터 점차 감소하고 있다.

마약류 사범의 분포비율은 1995년도 이래 향정사범의 점유율이 50%를 상회하기 시작하여 2001년 78.8%, 2002년 74.2%, 2003년 62.7%, 2004

년 68.6%, 2005년 74.9%, 2006년 77.9%, 2007년 80.0%, 2008년 75.3%, 2009년 67.1%, 2010년 69.6%, 2011년 78.7%, 2012년 82.5%를 차지함으로써 향정이 국내 주종 마약류임을 반영하고 있다고 할 수 있다.

사범별 추세를 살펴보면, 대마사범은 2006년도까지 감소하다가 2007년도부터 2010년도까지 증가했으나 2011년도부터 다시 감소하고 있으며, 마약사범은 2005년도부터 2009년도까지 증가 추세였으나 2010년도부터 점차 감소하여 2012년도 582명 수준에 머무르고 있다.

한편, 향정사범은 1995년도 이후 연평균 30% 이상씩 지속적인 증가 추세를 보이다가 2003년도 이후에는 증가세가 점차 둔화되고 있고, 2008년도부터는 7,000명 선에서 유지되고 있다(대검찰청, 2013: 127-128).

최근의 마약류 사범 발생, 검거 추이를 단순히 드러난 수치 위주로 보자면, 연간 대개 1만여 명 내외 정도이므로, 우리 사회에서의 마약류 범죄 문제가 그다지 심각하지 않은 것으로 판단될 여지도 있을 것이다. 그러나 마약류 범죄는 암수율(신고되거나 검거되지 않은 범죄의 비율)이 대단히 높은 범죄이므로, 숨겨진 범죄의 수를 감안하면 문제는 상당히 심각한 것으로 보인다.

마약류 범죄 관련 암수율은 관련 기관 실무자들을 대상으로 한 전화인터뷰 결과 90%로 추산되었다. 따라서 실제로 검거된 마약류 범죄자는 전체의 10%에 불과하다는 것이다. 그러므로 암수율을 고려하게 되면 전체 인원 혹은 전체 사회적 손실 비용은 10배가 증가된다는 것이다(박성수, 2009: 195). 나아가, 공식 연구 결과로서의 기록은 아니지만, 형사사법 기관 실무종사자들이 아닌 실제 마약류 복용자 및 전과자들을 직접 인터뷰한 결과에 따르면 실제 검거된 마약류 범죄자는 전체의 1~2%에 지나지 않는다는 극단적인 보고도 있는데, 상황이 이렇다면 문제는 대단히 심각하다고 보아야 할 것이다.

마약류 범죄의 경우, 암수문제를 떠나 생각할 수 없는 특징이 있으므로,

외부로 드러난 수치뿐 아니라 숨겨진 범죄의 양도 고려해야 하며, 이를 종합하여 판단해보면 우리 사회에서의 마약류 문제도 상당히 심각한 것으로 보인다.

**〈그림 1〉 마약류 사범 연도별 단속인원**

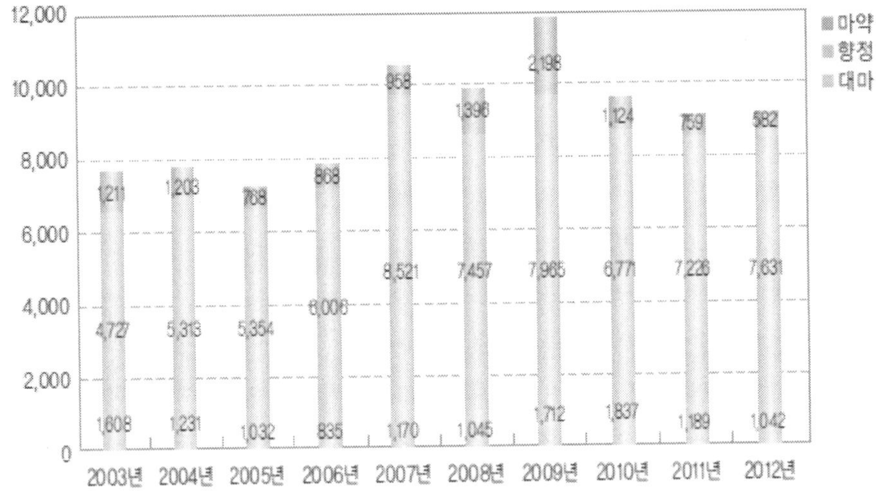


* 대검찰청. (2013). 「2012 마약류 범죄백서」. p.128.

전체 마약류 사범을 행위유형별로 살펴보면 사용사범이 54.9%로 주류를 이루고 있고, 그 다음으로 밀매(26.6%), 소지(4.8%), 밀경(4.5%)사범 순이며, 이 중 2012년의 밀수, 밀매사범은 2011년도보다 증가하였고, 사용사범은 2011년도보다 약간 감소하였으나, 대체로 2011년도와 비슷한 수준이다.

대마사범과 향정사범은 사용사범이 각 67.4%, 55.8%를 차지하고 있는 반면, 마약사범은 밀경사범이 60.5%로 이들 대부분은 농촌지역 소규모 양귀비 재배사범이다(대검찰청, 2013: 129).

〈표 2〉 행위유형별 분석

(단위 : 명)

| 구분 \ 유형별 | 밀조 | 밀수 | 밀매 | 밀경 | 사용(투약) | 소지 | 기타 | 합계 |
|---|---|---|---|---|---|---|---|---|
| 합 계 | 3<br>(0.0) | 332<br>(3.6) | 2,465<br>(26.6) | 412<br>(4.5) | 5,082<br>(54.9) | 443<br>(4.8) | 518<br>(5.6) | 9,255<br>(100) |
| 마 약 | 0 | 13 | 16 | 352 | 121 | 14 | 66 | 582 |
| 향 정 | 3 | 292 | 2,301 | 0 | 4,258 | 361 | 416 | 7,631 |
| 대 마 | 0 | 27 | 148 | 60 | 703 | 68 | 36 | 1,042 |

* 대검찰청. (2013). 「2012 마약류 범죄백서」. p.129.

〈그림 2〉 마약류 사용 사범 추세

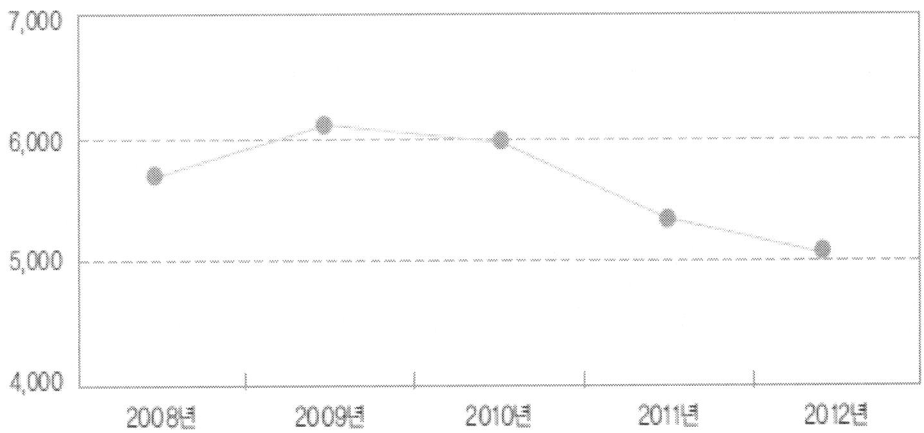


* 대검찰청. (2013). 「2012 마약류 범죄백서」. p.129.

# 제 4 절 마약류 범죄의 특징

마약류 범죄자의 여러 가지 특징이 있다고 할 수 있을 것인데, 특히 마약류 사용(복용) 사범의 특징 위주로 몇 가지를 논해보자면 다음과 같다.

우선, 마약류 사용 범죄자의 계층이 상당히 다양해지고 있다는 근래의 추세적 특성이 있다는 것이다. 남성뿐만 아니라 여성도, 성인뿐만 아니라 청소년들도 마약류를 접하고 사용하는 경우가 많다. 또한 최근 전문직 종사자나 외국 유학생 엘리트, 유명 연예인 등이 마약류 관련 구설에도 오르는 등, 저교육·저소득층 위주의 분포에서 벗어나 고소득·고등교육 이수 중상류 계층에까지 마약류 문제가 전파, 만연되고 있는 특징이 있다고 할 것이다.

둘째, 마약류 범죄는 그 범행이 매우 상습적이고 반복적으로 되풀이되며, 단약하기 어려운 특징이 있다. 단약에 성공한 사례로 소개되고 각종 강연을 하던 사람들도 순간의 유혹을 이기지 못하고 다시 마약에 손을 대게 되는 경우도 많다.

또한, 마약류의 약리작용이나 효과 등에 대하여 잘 알지 못하거나 오히려 잘못된 지식을 가지고 마약류를 복용하게 되는 경우가 많다. 병에 대한 치료 효과가 있다든지, 피로를 회복시킨다든지, 스트레스를 해소한다든지, 다이어트에 도움이 된다든지 등의 오해에서 비롯되어 마약 중독자가 되는 사례가 많다.

넷째, 마약류 범죄자는 실정법상의 범죄자, 즉 가해자로서의 지위가 성립되는 동시에, 한편으로는 피해자로도 간주될 수 있는 양면적 특징이 있다. 즉 검거되는 범죄자이면서도, 자신의 건강이 손상되고, 구매 비용이 낭비되고, 수명이 줄고, 직장이나 가족 관계에서 실패하게 되는 등의 불필요하고 불합리한 피해도 경험하게 된다는 것이다. '피해자 없는 범죄(victimless crime)'와 관련하여서 이러한 마약류 범죄가 거론·논의되고는 하지만, 사실 엄밀하게 따지자면, 가해자 스스로 피해자화를 자초하는 격이니, 피해자가 없다고는 볼 수 없을 것이다.[8)]

마약류 범죄는 단순히 마약류 복용이라는 한 건의 범죄행위에 그치지 않고, 다른 범죄를 동반하게 되는 경우가 많다는 점도 특징으로 꼽을 수 있다. 우선, 마약에 취하게 되면 본래 의도하지 않았거나 주저하였던 범죄들을 쉽게 저지르게 될 수 있다. 약에 취하여 저지르는 욕설, 공연음란 및 노상방뇨, 고성방가, 노숙 등의 경미한 풍속적 범죄행위에서부터 폭력이나 성폭력, 심지어 살인 등의 중범죄까지 일어날 수 있는 것이다. 또한 매우 고가의 금지된 재화에 해당하는 마약류를 얻기 위한 과정에서도 범죄가 발생할 수 있다. 단순한 절도, 강도, 사기 등의 재산 범죄뿐만 아니라, 마약과 관련된 이권을 노리는 조직범죄, 마약에 중독된 성매매 여성들의 돈을 구하기 위한 지속적인 매음 행위, 한탕을 노리는 도박 등 다양한 각종 범죄가 마약류로 말미암아 동반적으로 발생할 수 있다는 것이다.

기타 일반적 특징을 몇 가지 나열하자면, 마약류중독자들은 기분이 우울하며, 자존감이 낮고, 성격적 문제를 가지고 있는 사람이 많으며, 사회에 비동조적이며, 반항심이 많고, 범죄행위를 보이기도 한다. 또한 중독에 잘 빠지는 사람들은 자기와 세상을 왜곡하여 보고 있고, 외부의 자극에 대해서 민감하게 반응하고 있으며, 즉각적인 만족을 추구하려는 경향이 강하고, 문제해결능력이 부족하다고 한다(박상규, 2003: 90-91 ; 천정환・이동임, 2012: 232에서 재인용).

8) 가해자 스스로 이외에도, 근무하는 직장에서도 손실이 발생할 것이라는 점, 가정적으로도 자녀들이 방치될 여지가 증가하거나 약에 취한 상태에서 폭력・학대 등이 발생하기 쉽다는 점, 국가・사회 전체적으로도 불필요한 예산이나 예방 노력이 가해져야 하고 이미지가 실추되며 건전 풍토가 위협받을 수 있다는 점 등에서 많은 피해 및 피해자가 발생할 수 있다. 그러므로 '피해자 없는 범죄(victimless crime)'의 논의와는 별개로, 엄밀한 의미에서 마약류 범죄의 피해자가 없다고 볼 수는 없을 것이다.

# 제 5 절 마약류와 범죄와의 관계

## 1. 마약 복용 등 직접적 범죄

마약류를 사용(복용)하는 행위 그 자체가 범죄이다. 주사, 끽연, 흡식, 경구투약 등의 일체의 방법의 투약이 범죄가 된다. 제조, 매매, 보관하는 등의 행위도 범죄로 처벌된다.

## 2. 마약을 얻기 위하여 저지르는 범죄

매우 고가의 금지된 재화에 해당하는 마약류를 얻기 위한 과정에서도 범죄가 발생할 수 있다. 단순한 절도, 강도, 사기 등의 재산 범죄뿐만 아니라, 마약과 관련된 이권을 노리는 조직범죄, 마약에 중독된 성매매 여성들의 돈을 구하기 위한 지속적인 매음 행위, 한탕을 노리는 도박 등 다양한 각종 범죄가 마약류로 말미암아 동반적으로 발생할 수 있다는 것이다.

## 3. 마약으로 인하여 저지르는 범죄

우선, 마약에 취하게 되면 본래 의도하지 않았거나 주저하였던 범죄들을 쉽게 저지르게 될 수 있다. 약에 취하여 저지르는 욕설, 공연음란 및 노상방뇨, 고성방가, 노숙 등의 경미한 풍속적 범죄행위에서부터 폭력이나 성폭력, 심지어 살인 등의 중범죄까지 일어날 수 있는 것이다.

가정적으로도 자녀들이 방치될 여지가 증가하거나 약에 취한 상태에서 폭력·학대 등이 발생하기 쉽다는 점에서 마약으로 인한 범죄 유발의 소지가 있다. 직장에 대하여도 마약에 취한 상태에서 작업 손실이나 동료에 대한 피해, 각종 재해 유발 등의 문제를 발생시킬 수 있는데, 경우에 따라서 과실범 등의 범죄에 해당될 수 있다.

## 4. 이권개입을 위한 범죄

막대한 불법적 부가가치와 이윤을 창출해낼 수 있는 마약류를 둘러싸고 범죄가 발생하게 된다. 범죄조직들은 특정지역에서의 판매 권한을 독점하고 유통라인을 일원화하고자 다툼을 벌이기도 한다. 마약류 밀매, 유통 등을 묵인해 달라는 대가로 관료나 유력 인사들에게 뇌물을 제공하거나 협박을 하게 되는 수도 있는데, 이러한 행위도 모두 범죄가 된다.

## 5. 중독의 피해로 발생하는 비행 · 일탈

마약류 중독은 갖가지 2차적, 3차적 범죄와 연관되기도 한다. 예컨대, 부모가 마약류에 중독되다보면, 가정에는 소홀 · 무관심하게 되거나 오히려 가정폭력을 범하게 되고, 이렇듯 소외 · 학대된 가정의 자녀들은 밖으로 내몰리거나 비행 친화적 환경에 놓이게 되는 경우가 많다.

# 제 6 절 마약류 범죄의 원인

## 1. 생물학적 관점

약물의존적 성향이 생물학적으로 유전되어 작용하는 것이 원인이 될 수도 있다. 마약류와는 별개의 논의일 수 있겠으나, 일례로, 일란성 쌍생아들과 이란성 쌍생아들을 대상으로 함께 알코올 중독이 되는 경향이 있는지를 검증한 많은 연구들에서 대체로 일란성 쌍생아들의 경우 일치되게 알코올 중독자가 되는 비율이 이란성 쌍생아들에 비하여 두 배 가량 높은 것으로 보고되고 있다(Siegel, 2010: 446).

## 2. 심리학적 관점

소득 규모 등 생활 여건상의 문제와 상관없이, 인지기능의 손상, 인격장애, 감정적 문제 등과 같은 심리적 문제가 약물 남용과 관련이 있다는 주장들이 있다(Giancola, 2003: 1,315-1331). 그러므로 중상층 이상의 계층에서도 심리적 문제를 겪는 자 중에서 마약류를 찾는 사람들이 있을 수 있는 것이다.

약물중독자들의 심리적 특성에 관한 연구들은 많은 중요한 이상심리적 특성들을 발견하여 보고하고 있는데, 자아(ego)의 취약성, 낮은 욕구좌절 인내성(欲求挫折 忍耐性, frustration tolerance), 불안증, 전능하고 무한한 힘에 대한 동경 등으로 특징지어지는 성격장애를 겪고 있는 경우가 많다고 한다. 많은 약물 중독자들이 사이코패스적이거나 반사회적인 행동적 특징들을 보이며, 이러한 특징들을 '중독적 성격(Addiction-Prone Personality)'이라고 칭하기도 한다(Platt, 1995: 127).

## 3. 사회학적 관점

마약사용은 사회의 부정적 요인에 의해 결정된다는 관점도 있다. 즉 원래는 마약남용자가 아니었지만 학교관계의 부적응, 부모의 이혼 등의 가족관계의 와해, 직장생활의 붕괴 등과 같은 외부적 요인이 마약남용을 하게 한다는 것이다. 특히 청소년은 불량집단 등의 또래집단으로부터 마약사용에 대한 집단적 동조압력을 받게 되고 그들과의 접촉이 강화될수록 결국 마약을 남용하게 된다는 것으로 개인이 처한 사회적 상황과 사회관계를 강조한다. 여기에는 사회학습이론과 사회통제이론 및 하위문화이론으로 접근이 가능하다. 사회학습이론에서는 어떤 사람이 특정집단 구성원들과 상호접촉을 통해 마약을 사용하는 것이 그들로부터 보상을 받게 된다는 것이다. 대부분의 사람들이 마약을 사용하지 않는 것은 마약사용에 대한 사회적 통제력이 강하고, 사회적 유대가 깨어지지 않았기 때문이다. 하지만 하위문화이론의 중심주제는 약물사용에 우호적인 태도를 가진 특정집단과의 관련이 자신의 약물사용을 배양하는 핵심요인이고, 약물사용에 부정적 태도를 가진 집단과의 그러한 관련은 약물사용을 억제시키는 경향이 있다는 것이다(장인환, 2004: 22 ; 천정환 · 이동임, 2012: 231).

## 4. 기타

기타 구체적으로 마약류를 사용하게 되는 세부적 사정들을 살펴보자면, 주변의 압력이나 유혹이나, 범죄를 저지르는 데 있어서의 두려움을 떨치고 자신감을 얻고자하는 동기 등이 원인으로 작용한다고 볼 수도 있을 것이다.

기본적으로는 환각이나 쾌감을 즐기거나 성관계 등 다른 행위에 대한 쾌감이나 지속성을 높이기 위한 수단으로 잘못 이용되기도 한다. 미국의 서부개척시대에 광산 노동자들에 대하여 고통과 피로감을 잊게 하기 위하여 고용주들이 노동자들에게 마약을 사용했다는 역사적 기록도 있다고 하듯이, 현대에도 잘못된 방법으로 피로회복 내지 체력유지 효과를 기대하고 마약류를 사용하는 경우도 있다고 보여 진다. 일시적인 진통효과를 노리거나, 잘못된 지식으로 치료효과를 바라고 마약을 사용하게 되는 경우도 있다고 한다.

# 제 7 절 마약류 범죄에 대한 대응

## 1. 공급통제전략

잠재적 마약류 사용자들이 마약류를 원하고 시장에 수요가 존재하더라도 여러 대응 기제를 통하여 마약류가 소비를 원하는 자들에게 공급되지 않도록 통제하는 전략이다.

마약류가 외부로부터 국내에 밀반입되는 것을 방지하는 세관의 노력이나, 외국 마약상이나 범죄조직과 국내 범죄조직의 마약 거래 정보를 파악하여 연결고리를 분쇄하려는 수사기관이나 정보당국의 노력 등이 이에 해당될 수 있다. 경찰이 마약류 제조자를 검거하고, 마약류에 대한 보관·유통 단계에서 브로커를 적발하거나, 마약류 거래 현장에서 매매자를 검거하는 등을 행하는 것도 공급 통제의 범주에 포함된다.

## 2. 수요통제전략

위의 공급통제전략보다는 좀 더 근본적인 원인 제거를 모색하는 전략이라고도 볼 수 있는데, 건전한 청소년·시민들이 마약류에 관심을 가지지 않도록 하고, 설사 마약류를 경험한 중독자라할지라도 적절한 집중적 치료·재활 제공을 통하여 단약에 성공하도록 함으로써, 마약류를 원하는 수요 자체를 감퇴시키고자 하는 전략이다.

각종 홍보나 캠페인을 통해 마약류의 해악성을 알려 국민들이 관심을 갖지 않도록 노력하거나, 학교 교육 단계에서부터 마약류의 폐해를 교육하는 것도 수요 통제에 기여할 수 있을 것이다.

이미 마약류 사용에 발을 들인 자들에 대하여 교정시설 내에서나 사회 내에서 이루어지는 각종 교정교육, 치료 및 재활 처우 프로그램들도 예견되는 재차의 수요를 줄이는 기제로 작용할 수 있다.

사회경제적, 환경적으로 열악한 자들이 마약류에 중독되기 쉽다고 한다면, 궁극적인 수요통제 전략은 복지의 확충·증진이라 할 것이다. 일자리를 창출하고, 저소득층에 대한 지원을 확충하고, 사회적 약자계층·소외계층을 위한 맞춤형 복지를 제동한다면 우울감·스트레스 등으로 인해 약물을 찾을 여지는 줄어들 수 있을 것이다.

규제·처벌 관계 법규를 정비하여 마약류 범죄에 대하여 보다 엄단하는 입법 태도를 취하고, 마약 사범에 대한 검거를 강화하는 등의 노력으로 일반인이나 잠재적 마약류 범죄자들에 대하여 위하·경고적 메시지를 보냄으로 마약에 대한 관심을 단념하도록 하는 것도 수요통제전략이 될 수 있을 것이다.

## 3. 마약류 규제 여부와 관련된 논의

### 1) 마약류 규제에 대한 지지론

규제를 유지·강화하자라는 견해의 입장에서는 다음의 내용들이 논거로 제시될 수 있다.

(1) 마약류의 사용은 육체와 정신을 황폐시키므로 윤리적으로 국가가 이를 예방할 필요가 있다.
(2) 마약류를 복용하면 심성이 포악해져서 살인, 강간 등의 강력범죄를 저지를 소지가 많다.
(3) 마약류에 중독되면 약 구입비용을 마련하기 위해서 강도나 절도 등의 재산범죄를 저지르게 된다.
(4) 마약류 사용자가 많아지면 좋은 자금원이 되어 범죄조직이 번성하는 요인이 된다.

(5) 암수(暗數)를 고려하면 문제는 더욱 심각하기 때문이다.
(6) 피해자 없는 범죄인 듯 하지만, 사실은 많은 구성원이 피해를 받고 있으므로 간과할 수 없다. (방치되는 아이, 위험에 노출되는 가족, 직장의 손실, 국가·사회적 손실 및 건전한 사회 풍토 조성 저해)

### 2) 마약류 규제 완화론

규제 완화의 근거로 다음과 같은 논거들이 제시될 수 있다.

(1) 국가의 규제·개입과 개인의 기본권의 문제
(2) 소모되는 국가예산 등의 비용 발생 문제
(3) 피해자 없는 범죄라는 점 (낮은 위험성)
(4) 엄벌주의의 실패
(5) 처벌의 대상이라기 보단 치료의 대상
(6) 법집행의 우선순위 선정 및 선택과 집중
(7) 형평성의 문제 (알코올·담배와의 형평성, 다른 자해행위와의 형평성)
(8) 품질 개선 및 제조·유통 관리의 투명성 제고 가능
(9) 특정 계층에 대한 통제를 위한 수단으로서의 오용 가능성
(10) 불필요한 낙인의 방지

규제를 완화한다고 하더라도 그 완화의 차원과 방법은 다양할 수 있다. 아래와 같은 다양한 방안들을 고려해볼 수 있다.

| (1) 완전한 합법화<br>(2) 과형 방법의 개선<br>(3) 보안처분으로 대체<br>(4) 마약류 유형별 대처<br>(5) 자발적 치료요청의 경우 처벌대상에서 제외 |
|---|

실제 전 세계적으로 이러한 마약류 규제 완화 사례를 종종 찾아볼 수 있는데, 네덜란드형 '커피숍'이나 호주 시드니의 '헤로인 주사실' 같은 것들이 그 예에 해당된다.

# 제5장 피해자 없는 범죄의 논의

## 제 1 절 피해자 없는 범죄(Victimless Crime)의 의미

Sage범죄학사전에서는 '위법하기는 하지만 대개 관계자들 간에 별 다른 불만도 없고 합의가 전제되는 행위 형태'를 피해자 없는 범죄로 정의하고 있다(McLaughlin & Muncie, 2006: 163).

이윤호(2007a)는 강도나 강간 등 전통적 범죄가 통상 가해자와 피해자가 분명한 상대방으로서 존재하는 데 비해 피해자 없는 범죄는 이들 전통적 범죄와는 달리 피해자와 가해자의 관계가 분명치 않다는 점에서 피해자가 없는 것으로 간주된다며, 전통적 범죄와 구별하기 위해서 이를 통칭하여 피해자 없는 범죄라고 칭하고 있다고 소개하고 있다(이윤호, 2007a: 139-140).[9)]

조철옥(2008)은 Siegel의 견해를 인용하여 피해자 없는 범죄에 정의에 대하여 소개하고 있다. 대부분의 사회는 사회적 규범, 관습 그리고 가치에 반하는 행동을 제한하거나 금지해 왔다. 오만, 탐욕, 색욕, 분노, 대식, 시기, 나태 같은 것들을 소위 7대 죄악(deadly sins)이라 부르면서도, 그것들

---

9) 그러나 엄격한 의미에서는 어떠한 종류의 범죄일지라도 피해자가 없는 범죄는 있을 수 없다. 즉, 범죄행위란 어떠한 경우일지라도 범행의 실행주체로서의 가해자가 있다면 그 범행의 대상인 피해자가 존재하는 것은 당연한 예이다. 이런 견지에서 봤을 때 피해자 없는 범죄란 원칙적으로 있을 수 없으며, 단지 그 피해자가 전통적 범죄의 피해자와는 다른 성격을 가진다는 것이다. 다시 말해서 가해자와 피해자와의 관계에서 볼 때 동일범죄의 가해자가 동시에 피해자가 되어 전통적 가해자와 피해자의 상대적 관계가 형성되지 않는다거나 또는 범죄의 피해자가 특정인이 아닌 불특정 다수인이어서 가해자와의 관계가 분명치 않은 경우를 일컬을 수 있다(이윤호, 2007a: 140).

을 통제하거나 금지하는 어떤 실정법도 없다. 또는 물에 빠져 구원을 요청하는 사람을 못 본 체하고 무시하는 것은 아주 냉혹하고 비도덕적인 행동일지라도, 이를 범죄로 규제하는 나라는 없다. 이러한 행동들은 흔히 공공질서 범죄(public order crime) 또는 피해자 없는 범죄라고 불리어져 왔다고 한다(Siegel, 2003: 417 ; 조철옥, 2008: 493).

임상곤(2006: 492)은 범죄에는 특수한 문제들이 있는데, 부도덕한 행위(vices)와 풍속범죄(folk crime)가 그것으로, 부도덕한 행위와 풍속범죄란 법에 금지되어 있으나 많은 사람들이 범죄가 아니라고 생각하는 행위(noncriminal)를 말하며, 일명 피해자 없는 범죄라고도 한다고 소개하고 있다.

# 제 2 절 피해자 없는 범죄의 유형

## 1. 성매매

성을 구매하는 남성은 즐거움을 얻고, 성을 판매하는 여성은 금전적 수익을 얻으며, 지역사회는 소비가 촉진되고 경기가 살아나는 효과를 얻으니, 어느 누구도 피해자가 되지 않는다고 볼 수도 있다.

## 2. 마약류 사용 범죄

마약류를 사서 복용하는 사람은 쾌감을 얻고, 마약류를 판매하는 사람은 금전적 수익을 얻으며, 지역사회는 소비가 촉진되고 경기가 살아나는 효과를 얻으니, 어느 누구도 피해자가 되지 않는다고 볼 수도 있다.

## 3. 도박

돈을 잃은 사람도 도박하는 시간 자체를 게임으로서 잘 즐겼으며, 돈을 딴 사람은 즐거움에 더하여 금전적 수익까지 올렸다. 도박장을 개설하는 등 지원·협조한 자도 대관 비용 등의 수익을 얻고, 지역사회는 소비가 촉진되고 경기가 살아나는 효과를 얻으니, 어느 누구도 피해자가 되지 않는다고 볼 수도 있다.

## 4. 교통법규 위반

임상곤(2006)은 교통법규 위반 행위도 풍속범죄에 포함하여 피해자 없는 범죄의 예로 소개하고 있다(임상곤, 2006: 493). 생각건대, 횡단보도 신호를 대기하던 차량이 주변을 샅샅이 살핀 결과 아무도 없는 것을 확인하고 조심스레 무단 통과를 한 경우 등을 가정해보면, 운전자는 지루함을 쫓아서 이득을 보았고, 피해를 본 사람은 없으며, 운전자가 일찍 가정이나 직장에 도착하여 오히려 사회적 이익도 증가할 수 있었다면, 이러한 경우의 교통법규 위반을 피해자 없는 범죄의 한 예로 볼 수 있지 않겠는가하는 의미가 아닌가한다. 다만, 위험을 초래할 수 있는 교통법규의 위반까지 피해자 없는 범죄로 볼 수는 없을 것이며, 위반이 상습적으로 자행되어 악습관이 형성된다면 그 자체로 미래의 피해 위험을 증가시킨다고 볼 수도 있을 것이니, 엄밀히 피해가 없다고 하기는 곤란할 수 있을 것이다.

## 5. 기업범죄

이윤호(2007a: 154)는 피해자가 불특정 다수인인 관계로 피해자의 규명이 명확치 않은 경우의 범죄도 피해자 없는 범죄의 논의에 포함시켜 소개하고 있는데, 이러한 유형의 대표적인 범죄에는 기업에 의한 범죄가 해당된다.

기업범죄 중에서도 엄격한 의미에서 피해자 없는 범죄에 해당된다고 볼 수 있는 것은 대체로 소비자가 피해자인 경우와 일반시민대중이 피해자인 경우가 있다. ① 소비자가 피해자인 기업범죄에는 독과점과 같은 공정거래 위반 관련범죄와 허위광고, 위험물질의 생산과 판매 등이 있으며, ② 일반시민대중을 피해자로 하는 기업범죄에는 환경범죄와 안전위해범죄가 있다. 이러한 구분은 기업에 의한 불법행위의 피해자를 기준으로 한 유형화라고 할 수 있다(L. S. Schrager & J. F. Short, 1978: 407-419 ; 이윤호, 2007a: 154-155에서 재인용).

## 6. 논의의 확대

논의를 범죄에 한정하지 않고, 각종의 일탈 문제로까지 확장하여 보자면, 알코올 중독, 동성애, 포르노그래피, 낙태, 노숙·부랑, 자살, 뇌물 등도 피해자가 없으므로 비난 내지 (공식적이든, 비공식적이든) 처벌을 하는 것이 지양되어야 하는 유형들이 아닌가하는 논의의 전개도 가능할 것이다.

## 제 3 절 피해자 없는 범죄와 규제 완화 논의

타인이나 사회에 직접적으로 특별한 피해를 주는 것도 아니며, 딸서 처벌의 필요가 크지 않은 행위들까지 범죄로 규정하여 처벌하는 것은 여러 가지 부작용이 따를 수 있으므로 범죄화하여 규제하는 것을 지양하는 것이 바람직하지 않겠는가 하는 논의가 있을 수 있다.

즉, 개인의 기본권이 과도하게 침해되고, 단속을 위한 국가의 유형적·무형적 자원이 소모·낭비된다는 것이다. 또, 피해자 없는 범죄의 유형에 속하는 것들은 대개 긴 역사 속에서 꾸준한 단속의 노력에도 불구하고 끊임없이 발생해왔던 것으로, 사람의 본성·본능적 측면을 고려하더라도, 규제 위주의 정책은 문제 해결에 근본적인 도움이 되지 않는다는 견해도 있을 수 있다. 또한 피해자 없는 범죄는 주로 최상위 계층을 제외한 계층들에서 범해질 여지가 많은 것들로, 특정 계층에 대한 통제를 위한 수단으로 오용될 부작용이 우려될 수도 있을 것이다. 나아가 궁극적으로는 별로 위험하지도 않고, 실제로 피해를 발생시키지도 않는 행위에 대하여 범죄 전력자라는 불필요한 낙인을 발생시킬 경우, 이에 말미암은 각종의 폐해가 오히려 더 많을 것이라는 것도 규제 완화 주장의 근거가 될 수 있다.

## 제 4 절 피해자 없는 범죄 : 과연 피해자가 없는가.

피해자 없는 범죄로 가장 빈번하게 거론되는 것으로 매춘, 약물범죄, 도박 등을 들 수 있을 것인데, 이러한 매춘이나 약물범죄, 도박은 정말 피해자가 없는 것일까?

매춘은 광범위한 사회문제와 건강문제를 야기하는 것으로 알려지고 있다. 매춘금지의 지속을 지지하는 사람들의 가장 빈번한 주장은 매춘은 다른 범죄를 일으키고, 성병을 확산시키며, 자기 파괴적인 해악적이고 부도덕한 활동으로 규정하고 있다(이윤호, 2007b: 296). 매춘이 심리적 건강에 미치는 결과도 심각한 것으로 알려지고 있다. 약물남용이나 감정적 장애 등이 매춘과 상당한 연관이 있다고 한다(이윤호, 2007b: 297).

약물남용의 결과를 보자. 마리화나의 가능한 예외를 제외하고는 모든 통제약물은 잠재적으로 유독하고 대부분은 중독성이 있다고 한다. 물론 알코올도 예외는 아니다. 이들 약물은 금지되는 것이고 질이나 복용 등에 관한 규제가 없다는 사실과 관련되는 이차적 영향도 있다. 주사기를 이용한 약물의 주입은 HIV감염의 위험성을 높이게 된다. 더구나, 약물남용이나 중독은 약물을 지속하기 위해 필요한 자금의 마련을 위한 범행, 약물의 영향으로 인한 범행, 그리고 조직범죄와의 결부 등과 같은 다른 범죄문제와도 밀접한 관련을 가지고 있으며, 사실 범죄자의 다수가 범행 시나 범행의 전후에 약물의 영향 하에 있었음이 많은 연구결과 밝혀지고 있으며 실제 수형자나 범죄자 관련 통계에서도 증명되고 있다(J. D. Fletcher, p.319. ; 이윤호, 2007b: 297에서 재인용).

도박도 결과적으로 많은 손상을 초래할 수 있다. 그것은 우선 약물남용과 같이 중독성이 있다는 데서 출발한다. 그래서 임상병리학자들은 병리적 도박은 선입관, 바라는 흥분감을 성취하기 위해 점점 더 많은 액수의 금액으로 도박할 필요성, 도박에 대한 통제력 상실, 가정이나 직장생활에의 심각한 문제의 발전과 같은 증상으로 특징 지워지는 지속적이고 재발하는 부적응적 행위로 규정하고 있다. 도박에의 중독결과는 심각할 수 있다. 병리적 도박은 종종 약물남용, 우울증과 같은 다른 감정적 문제와 함께 발생하고, 도박으로 인한 경제적 손실과 빚은 범죄활동, 가정의 파괴, 그리고 자살적 자포자기로도 이어질 수 있다(이윤호, 2007b: 297-298).

# 제6장 환경범죄

## 제 1 절 환경범죄의 의미

이윤호(2007)는 유명건(1987) 등의 견해를 종합하여 환경범죄의 개념을 소개하고 있는데, 환경범죄는 적절하게 보전하고 관리하는 적극적 의미의 환경보호와 환경의 오염이 초래하는 국민에 대한 해악성과 실질적 불법성을 동시에 규정하는 것이어야 한다며, 이러한 입장에서, 일부에서는 환경범죄를 사람의 건강에 위해를 주거나 환경을 저해하는 환경오염행위 또는 이와 관련된 행위로서 법에 의하여 처벌되는 행위라고 규정한 바 있다고 한다(이윤호(2007a: 183-184).

천정환·이동임(2012)은 환경범죄를 인간의 건강에 위해를 줄 우려가 있거나 또는 주는 환경오염행위 또는 이와 관련된 행위로서 법에 의하여 처벌되는 행위라고 광의로 규정하며, 오늘날 환경범죄의 주체는 쓰레기를 몰래 버니는 개인과 공해를 배출하는 기업 및 국가 등이며, 미래에는 우주도 환경범죄의 주체가 됨과 동시에 객체가 될 수 있다고 보았다(천정환·이동임, 2012: 254-255).

# 제 2 절 환경범죄의 유형

McLaughlin와 Newburn(2010)은 환경범죄를 일차적 환경범죄와 이차적 환경범죄로 구분하여 소개하고 있다.

일차적 환경범죄에는 ① 공기 및 대기 오염 (기업의 불법 소각 등), ② 불법 벌목 (밀림지대의 파괴), ③ 동물종 감소행위 (동물서식 지대에의 통행, 도로건설 등), ④ 수질 및 해양 오염 (식수 자원 감소를 초래) 등이 포함될 수 있다.

이차적 환경범죄에는 ① 국가의 목적 내지 이해에 반대되는 환경단체 등에 대한 물리적 공격행위(레인보우워리어호 사건[10](The Rainbow Warrior case) 등), ② 유해 산업물질 등의 폐기 및 조직적인 환경범죄(합법 내지 불법을 망라한 독성 물질 등의 덤핑 방류·처리 등)가 포함될 수 있다(McLaughlin & Tim Newburn, 2010: 415).

10) 1985년 7월 10일 프랑스의 핵실험에 반대하는 국제 환경보호 단체 그린피스의 감시선 레인보우오리어호가 뉴질랜드의 항에서 폭파되자 이것에 관계한 프랑스의 관헌이 체포된 것에 의해 양국 간의 분쟁이 발생한 사건이다. 국제연합사무총장의 재정(중재)과 그 실시협정에 의해 프랑스가 사죄와 금전배상을 하고 뉴질랜드가 프랑스의 관헌을 프랑스로 인도하는 등 해결이 되었다. 그 후 1990년에는 1986년의 교환공문에서 결정한 인도 후의 해당 관헌의 취급을 둘러싸고 별도로 양국 간에 국제중재재판이 이루어졌다. (네이버 지식백과, 2014.02 검색)

# 제 3 절 환경범죄 해악의 범위

McLaughlin와 Newburn(2010)은 환경범죄의 해악이 미치는 범위에 대하여 네 가지 형태로 구분하여 소개하고 있다.

## 1. 해악의 피해자에 초점

해악의 피해자에 초점을 맞추어 구분에 볼 수도 있다고 하는데, 예컨대, 사람에 대하여 환경범죄의 피해가 발생하는지, 동물에 대해서 피해가 발생하는지, 생태계 전반에 피해가 미치는지 등이 이에 해당될 것이다.

## 2. 지리학적 규모나 수준에 초점

지리학적 규모나 수준에 따라서 구분에 볼 수도 있다고 하는데, 국가 간에 국제적으로 발생하는 해악인지, 단일 국가 단위의 문제인지, 주(도) 차원에서 문제가 되는지, 좁은 지역 단위에 피해가 미치는지 등이 이에 해당될 것이다.

## 3. 특정한 해악의 장소적 요인에 초점

특정한 해악의 장소적 요인에 초점을 두고 분류에 볼 수도 있다고 하는데, 도시지역에 미치는 피해인지, 교외지역에 영향을 미치는 피해인지, 시골 농촌 지역에 문제가 되는 해악인지 등을 의미한다. 또는, 해양지역에서의 피해인지, 황무지에서의 피해인지, 산림지대에 미치는 해악인지, 사막지역의 문제인지 등도 이에 해당될 것이다.

## 4. 해악 발생의 시간적 수준에 초점

해악 발생의 시간적 수준과 관련한 고려도 있을 수 있는데, ① 환경에 피해가 단기간적으로 미치는지, 장기간 피해가 지속되는지, ② 환경에 미치는 피해가 즉각적으로 드러나는지, 오랜 기간 잠복되어서 잘 알기 어려운지, ③ 사회적으로 미치는 파장과 관련하여서도 즉각적으로 나타나는지, 장기간 지속되는 문제인지 등이 이에 해당될 것이다(McLaughlin & Tim Newburn, 2010: 416).

## 제 4 절 환경범죄의 원인 이론

이윤호(2007a)는 신아노미이론(neo-Mertonian Anomie Theory)을 환경범죄의 원인에 대한 설명 이론으로 소개하고 있는데, 신아노미이론은 환경범죄가 발생하는 제도적 구조와 미시적 문화 전반에 초점을 맞추고 있다. 예를 들어, 미국의 사회구조는 개인주의, 성취욕, 경재, 그리고 배금사상 등을 강조하는 문화적 가치와 기업제도 등에 의한 도구적 지배를 내포하고 있다. 이러한 사회구조는 특히 이익과 권력이라는 목표가 합법적 기업관행이라는 수단보다 더 강조되는 분위기를 만들게 된다. 그와 같은 가치관은 범죄활동에 가담하는 등과 같이 목표를 성취하기 위한 수단은 경시할지라도 물질적 성공을 성취하도록 개인과 조직 모두에게 압력을 가하게 된다(이윤호, 2007a: 188).

# 제 5 절 환경범죄에 대한 대응

McLaughlin와 Newburn(2010)은 세 가지 측면으로 나누어 환경범죄에 대한 대응 방안을 소개하고 있다.

## 1. 사법적 접근을 통한 대응

제정·시행 중인 형사 처벌 관계 법규의 활용을 통한 사법적·처벌적 대응을 의미하는데, 환경범죄에 대한 수사역량의 강화, 기소와 재판 등 각종 법집행 절차에 있어서의 개선을 도모하여 환경범죄를 감퇴하려는 노력 등이 해당될 수 있다.

## 2. 규제적 대응

환경범죄의 해악을 예방하거나 줄이고자 하는 각종의 여러 수단들을 활용하여 사회적 규제를 통하여 환경범죄에 대응하는 것이다. 회사 스스로의 자발적이고 내부적인 자정·규제 노력이나 민간 기업도 규제 절차에 강하게 포함되도록 하려는 노력 등 가능한 방법들을 총동원하여 생산 및 소비 시스템을 개선하는 것이 이에 해당될 것이다.

## 3. 사회적 행동을 통한 대응

환경 아젠다를 전 사회적으로 확산시켜서 거시적이고 근본적인 차원에서 그간 우리 사회를 지배해온 자본 중심, 성장 위주 등의 헤게모니를 변화시키려는 노력을 의미한다.

각종 위원회 제도, 시민의 참여 강화 등을 통하여 이러한 변화를 달성해 갈 수 있을 것이다(McLaughlin & Tim Newburn, 2010: 418).

# 제7장 암수범죄의 논의

## 제 1 절 암수범죄의 의미

The American Dictionary of Criminal Justice(2001)에서는 암수비행(hidden delinquency)에 대하여, '자기보고식 조사 등에 의하는 경우 청소년들의 비행이 경찰에 의하여 인지되지 않는 경우가 종종 있는데, 이렇듯 실제 발생이 인지·조사되지 못한 채로 남은 비행'이라고 설명하고 있다(Champion, 2001: 63).

암수범죄란 감춰진 범죄를 말한다. 실제로 범죄의 발생은 있었으나 수사기관에 신고되거나 인지되지 않은, 혹은 인지되었더라도 미해결되어 범죄통계에 공식적으로 반영되지 않은 범죄를 의미한다. 매춘·간통·마약수수·도박과 같이 피해자가 없거나 피해자와 가해자의 구별이 어려운 범죄와 성범죄의 피해자와 같이 신고를 꺼리는 유형의 범죄에서 많이 발생한다. 실제로 일어났지만 누구도 인지하지 못했거나 기억조차 못하는 경우를 절대적 암수범죄라고 하고, 수사기관이 인지하였으나 미해결로 남은 범죄를 상대적 암수범죄라고 하기도 한다(정신교, 2005: 40-41 ; 강맹진, 2011: 52에서 재인용).

암수(Dankelfeld)란, 실제로 범한 범죄와 공식적으로 알려진 범죄 간의 차이를 말한다. 이와 같이 알려지지 않는 범죄행위문제가 형사정책상 해결해야 할 최우선의 과제이다. 실제로 일어난 범죄행위 중에서 형사소추기관이 오직 일부분에서 가장 시급한 연구과제라는 결론이 도출된다. 일찍이 서덜랜드는 "범죄와 비행에 대한 통계는 아마 모든 사회통계 중 가장 신빙성이 없고 난해한 것"이라고 하면서, 진정한 범죄율과 그것에 대한 지표라고 할 수 있는 통계는 경찰이나 법원의 시책 여론의 변화에 따라 변화하는 암수라고 하였다. 이러한 암수의 문제는 범죄통계학이 발달한 초기부터 케틀러(A. Quetelet), 웨팅겐(Oetingen), 페리(Ferri) 등에 의하여 연구되기 시작하였으며 20세기에 들어서 범죄나 비행이 사회의 정상적이고도 필요한 현상이라는 인식이 점차 일반화되면서 암수에 대한 조사가 형사정책의 범죄통계와 관련해 아주 중요한 위치를 점하게 되었다(김용준, 2011: 38).

## 제 2 절 암수범죄의 원인

암수범죄로 남는 원인들을 살펴보자면 다음과 같다.

첫째, 범죄수법의 완전성으로 인하여 피해자에게 조차 알려지지 않은 것이 있을 수 있다.

둘째, 피해자가 피해사실을 알고도 신고하지 않기 때문에 암수범죄로 남기도 한다.

셋째, 범죄통계표는 대개 법률에서 규정하는 죄종별로 그 건수를 집계하고, 그 각 사건의 규모나 크기는 무시하는 경향이 있는데, 이러한 비중의 차이를 무시한 단순한 사건의 집계는 현실의 범죄문제의 규모를 정확하게 파악할 수 없게 하기도 한다. 예컨대, 1만원을 횡령해도 1건, 1억을 횡령해도 1건이 된다면, 범죄의 질과 관련하여서, 후자의 경우 99,990,000원 만큼이 숨겨지는 효과가 발생할 수도 있다는 것이다.

넷째, 법률의 개폐가 있는 경우 그로 인해 범죄사건의 전체 수치에 상당한 변화가 있을 수 있다(김용준, 2011: 134).

# 제 3 절 암수범죄의 극복 방안

어느 한 방법의 통계 조사·취합만 가지고는 정확한 범죄의 양적 규모를 밝히기 곤란하고, 암수 문제를 해결할 수 없으므로, 국가기관이 파악하는 공식통계 이외에, 자기보고식 조사, 피해자 조사, 정보제공자 조사 등 각종 조사방법을 함께 사용하여 보완하는 것이 필요하다고 할 것이다.

## 1. 자기보고(self-report)

자기보고란 일정한 집단을 대상으로 개개인의 범죄 또는 비행을 스스로 보고하게 함으로써 암수를 측정하는 방법이다. 자기보고는 공식통계에서 얻을 수 없는 범죄자의 성격, 태도, 행동습관에 관한 범죄 실태뿐만 아니라 범죄 발생과정에 대한 정보도 수집할 수 있다는 장점이 있다(박상기 외, p.197-198. ; 김용준, 2011: 135에서 재인용).

## 2. 피해자 조사

피해자 조사는 피해자화 과정(victimization process)의 연구라고도 한다. 범죄피해 자료는 일반인을 연구대상으로 이들의 응답을 통하여 범죄발생 실태를 파악하려는 점에서 자기보고 자료와 자료수집방법이 유사하다. 그러나 자기보고 자료는 연구대상자가 저지른 범죄를 직접 질문하였지만, 범죄피해자 자료는 연구대상자들이 경험한 범죄사건들을 기술하도록 하여 범죄발생 실태를 규명하려는 점에 근본적인 차이가 있다. 실제 범죄의 피해자로 하여금 범죄의 피해경험을 보고하게 하는 것으로, 미국에서 1987년에 대통령자문위원회의 주관으로 전국적으로 실시된 바 있다(김용준, 2011: 135).

## 3. 정보제공자 조사

정보제공자 조사란 형사사법기관인 법집행기관에 알려지지 않은 범죄나 비행을 인지하고 있는 자로 하여금 이를 보고하게 하는 것으로서, 피해자 조사에 의해 밝혀지지 않는 범죄를 밝히기 위한 보조적 방법으로 사용되고 있다(김용준, 2011: 136).

# 제2편 특수한 대상에 의한 범죄

# 제8장 소년범죄

## 제 1 절 소년범죄의 의미

소년범죄라고 하였지만, 이 장에서는 소년범죄, 소년비행, 소년의 일탈 등을 모두 포괄, 망라하여 다루기로 한다.

The American Dictionary of Criminal Justice(2001)에서는 청소년비행(juvenile delinquency)에 대하여 '청소년에 해당하는 특정한 연령대에 있는 사람들에 의하여, 형사 처벌 규정을 위반하여 저질러지는 일체의 불법적 행동이나 행위로, 소년법원에 보내는 등의 특별한 조치가 강구되기도 한다'고 설명하고 있다(Champion, 2001: 76).

이상현(2003)은 '비행있는 소년'에 대하여 설명하고 있는데, '비행있는 소년'이란 비행을 되풀이할 경향이 있는 소년을 말한다고 할 것이며, 개개의 비행이 아니고 비행성이 있는 소년, 즉 '행위보다는 사람'에 중점을 둔 개념이라고 보았다. 비행행위란 비법률적인 개념이므로 그 한계가 불명확하며, 경우에 따라서는 아동복지법에서 취급하는 불량행위까지도 포함될 수 있다고 보았다(이상현, 2003: 6)

김준호 등(2013)은 청소년비행에 대하여, 청소년비행은 소년범죄뿐만 아니라 사회학에서 의미하는 경한 비행과 지위비행을 모두 포괄하는 것으로 정의할 수 있다고 하며, 형벌에 저촉되는 행위인 범죄는 물론이고 범죄의 구성요건에는 해당되지 않으나 그 사회에서 청소년에게 기대되는 규범에 벗어난 일탈행동도 청소년비행이라고 규정할 수 있다고 보았다(김준호 외, 2013: 33).

천정환・이동임(2012: 7)은 청소년범죄에 대하여 설명하고 있는데, 청소년범죄란 청소년비행 또는 청소년 일탈행위보다 좁은 의미라고 하며, 청소년비행과 청소년 일탈행위란 법적 개념과 사회학적 개념을 포함하는 의미로 쓰이지만, 청소년범죄에는 살인, 절도처럼 모든 연령에서 범죄가 되는 일반적 범죄와 포르노물 접촉 등 청소년기에만 범죄가 되고, 그 시기가 지나면 범죄가 되지 않는 경과적 범죄가 있는데, 이러한 범죄가 많은 것이 청소년범죄의 특성이라고 하였다.

김용준(2011)은 '소년비행'이라는 말은 '소년범죄'라는 말과 구별을 하여야 하는가, 그렇지 않은가에 대해서 다툼이 있으나, 최근에는 동의어로 사용되며 별로 구별하지 않고 있다고 전제하며, 소년비행이란 14세 미만의 소년에 대한 범죄행위, 14세 미만의 소년에 대한 촉법행위 및 우범 그 자체로서는 범죄가 아니지만 범죄를 범할 우려가 있다고 인정되는 행장이라는 세 가지 행위 또는 행장을 총칭하는 개념이라고 소개하고 있다. 즉 소년비행이라는 개념은 성인으로서의 인격형성기에 있는 소년에 대해서는 범죄행위뿐만이 아니고 우범에 대해서도 소년의 건전한 육성과 교정・보호를 위해서 국가가 사법적으로 개입할 필요가 있다고 하는 미국 소년사법의 '국친사상(parents patriae)'에 기초한 개념이라는 것이다.

## 제 2 절 우리나라의 관련 법규

반사회성(反社會性)이 있는 소년의 환경 조정과 품행 교정(矯正)을 위한 보호처분 등의 필요한 조치를 하고, 형사처분에 관한 특별조치를 함으로써 소년이 건전하게 성장하도록 돕기 위하여 「소년법」이 제정·시행되고 있다.

「소년법」 제4조에서는 '보호의 대상과 송치 및 통고'에 대하여 규정하고 있는데, 다음 중 하나에 해당하는 소년은 소년부의 보호사건으로 심리하도록 하고 있다.

> 1. 죄를 범한 소년
> 2. 형벌 법령에 저촉되는 행위를 한 10세 이상 14세 미만인 소년
> 3. 다음 각 목에 해당하는 사유가 있고 그의 성격이나 환경에 비추어 앞으로 형벌 법령에 저촉되는 행위를 할 우려가 있는 10세 이상인 소년
>    가. 집단적으로 몰려다니며 주위 사람들에게 불안감을 조성하는 성벽(性癖)이 있는 것
>    나. 정당한 이유 없이 가출하는 것
>    다. 술을 마시고 소란을 피우거나 유해환경에 접하는 성벽이 있는 것

이 법 제32조는 '보호처분의 결정'에 대한 것인데, 소년부 판사는 심리 결과 보호처분을 할 필요가 있다고 인정하면 결정으로써 보호처분을 할 수 있다고 하며, 아래와 같이 보호처분의 종류를 규정하고 있다.

1. 보호자 또는 보호자를 대신하여 소년을 보호할 수 있는 자에게 감호 위탁
2. 수강명령
3. 사회봉사명령
4. 보호관찰관의 단기(短期) 보호관찰
5. 보호관찰관의 장기(長期) 보호관찰
6. 「아동복지법」에 따른 아동복지시설이나 그 밖의 소년보호시설에 감호 위탁
7. 병원, 요양소 또는 「보호소년 등의 처우에 관한 법률」에 따른 소년의료보호시설에 위탁
8. 1개월 이내의 소년원 송치
9. 단기 소년원 송치
10. 장기 소년원 송치

# 제 3 절 소년범죄의 특징

## 1. 청소년의 특징

홀(Hall, 1904)은 청소년기를 질풍노도의 시기로 간주하고 이 시기가 혼란스러운 것이라고 주장하였는데, 아동도 성인도 아닌 애매모호한 위치에서 청소년은 자아의식과 현실적응 사이의 갈등, 소외, 외로움, 혼돈의 감정을 경험하게 되고 이로 인한 긴장과 혼란이 이 시기를 질풍노도의 시기로 만든다는 것이다(김준호 외, 2013: 24).

홀(Hall)과 다른 견해도 있는데, 반두라(Bandura, 1964)는 청소년들이 반드시 홀의 견해와 같이 질풍노도의 시기를 겪는 것은 아니라고 보았다. 그에 따르면, 성인들은 반항적이라고 간주될 수 있는 청소년들의 행동에 지나친 관심을 가지고 있으며 이를 또한 과장하고 있다. 여기에 TV를 비롯한 대중매체는 청소년 행동에 예견적인 역할마저도 담당한다. 반두라의 주장을 받아들인다면 질풍노도의 시기로 묘사되는 청소년기는 성인의 틀에 의해 각색된 청소년의 사실 아닌 모습일 뿐인 것이다(김준호 외, 2013: 24-25).

한편 청소년기를 정체성을 중심으로 발달론적 관점에서 본 에릭슨(Erickson)의 견해는 이상의 상반되는 두 가지 관점을 모두 수용하고 있다(김준호 외, 2013: 25). 즉, 청소년기는 분명히 정체성의 위기 등으로 인한 혼란과 고충을 겪는 시기이기는 하지만, 인생의 전 생애 단계에는 각 단계마다 겪고 극복해야할 수많은 과업들이 있는 것이기 때문에, 청소년기만 유독 문제가 되는 시기라고 볼 필요는 없으며, 오히려 자아혼란감을 잘 극복하고 정체성을 잘 확립하면 앞으로 인생을 성공적으로 살아갈 수 있는 기회의 시기라고 볼 수도 있다는 것이다.

청소년의 구체적인 성격적 특징으로는 호기심, 모방심, 욕구불만, 감수성, 반항심, 영웅심, 공포·불안감, 이욕성 등이 거론되기도 한다(임상곤, 2006: 471-472).

## 2. 청소년 범죄의 특징

일반적으로 청소년범죄의 공통된 특징으로는 성범죄나 악풍과 관계되는 비행이 증가하고, 범죄소년의 연령이 저하되면서 이유없이 비행이 증가하며, 집단비행과 조직폭력범이 증가하고, 중류 이상 가정출신 소년의 비행화가 증가하고 있다(천정환・이동임, 2012: 9).

소년범죄의 특징과 관련하여 웨이너(Weiner)는 소년비행원인에 초점을 맞추어 성격적 비행(정서불안으로 반사회적 성격장애로 인해 야기되는 범죄), 사회적 비행(슬럼가처럼 반사회적 행동을 용인하는 문화권의 소년이 그 곳에서 승인되는 범죄를 하는 것), 기질적 비행(주의력의 결핍 또는 간질병적 기질로 인한 비행), 신경증적 비행(긴장, 후회감이 갑자기 강렬해져 범죄가 되듯이 자신의 욕구를 표현하기 위해 개인적 동기로 시도한 범죄), 실험적 비행(호기심으로 범죄행위를 일시적으로 행하는 것으로 담배나 음주 등이 있다) 등으로 분류하였다. 보통은 전체 청소년범죄 중에서 우발범의 발생비율이 제일 높고, 해가 갈수록 이러한 우발적 범행이 증가함을 알 수 있다(천정환・이동임, 2012: 9-10).

전통적 질서에 대한 반발, 부모 등의 권위에 대한 무시, 개인주의적 이기심의 만연과 팽배, 기대수준의 상승(능력 이상의 목표에 기준을 두고 달성 실패 시 욕구불만이나 좌절감에 사로잡혀 일탈), 소비성 오락주의 추구(건전성의 상실에 더불어 유흥적 오락 경향), 도덕성의 해이, 진취적 기상 결여(향락적 퇴폐 풍조 등에 젖어서) 등이 청소년 범죄의 특징으로 언급되기도 한다(임상돈, 2006: 472-473).

# 제 4 절 소년범죄의 원인

## 1. 개인적 요인

특정 청소년 개인의 생물학적 이상이나, 심리적 문제가 원인이 되어 생애 초기 단계에서부터 지속적으로 비행을 저지르기도 한다.

## 2. 가정 환경적 요인

가정의 결손 등이 아이들의 일탈, 비행에 영향을 미치는 원인이 되기도 한다. 또 가족이라고 모두 합법적 가치만을 추구한다고 볼 수 없으며, 가족 구성원 중 범죄성이 있는 자가 있으면 아동·청소년도 영향을 받을 수 있다. 가족의 규모가 너무 커서 부모의 애정·관심이나 적절한 훈육이 곤란한 경우도 가정 교육의 부실로 이어져 청소년 비행의 원인이 될 수 있다. 기타 가정의 경제적 수준이나 부모의 책임감·성숙성 등 다양한 요인들이 가정과 청소년비행 간의 쟁점으로 거론되고 있다.

## 3. 학교 환경적 요인

### 1) 친구의 문제

학교에서는 교사와 긍정적 교우(친구) 등과 접촉을 하기도 하지만, 일탈적 성향이 있는 비행적 친구와 접촉을 하기도 하는데, 이러한 비행 친구와의 접촉으로 인하여 일탈적 성향이 학습(악성감염)될 수도 있는 것이다. 유명한 서덜랜드(Sutherland)의 '차별접촉이론' 등이 이를 대표적으로 잘 설명하고 있다.

### 2) 성과 위주 교육제도

공식 교육의 근본적 목표가 무엇인지 진지한 고민이 필요하다. 성적, 각종 평가 등 성과를 내고, 그것을 확인하는 과정이 교육의 계속이 되다보니, 다른 인격적 가치는 소홀히 하게 되고, 친구는 경쟁상대 내지 불쾌한 자극을 주는 존재로 인식되게 되며, 학생들의 스트레스 수준은 지속적으로 증가하고 있다. 일탈을 위한 자극이 활성화될 수밖에 없는 환경에 놓여있는 것이다.

### 3) 학교주변의 유해환경

학교 주변에 학생들의 일탈을 조장·유혹할 만한 불건전 내지 유흥시설들이 존재하는 것도 문제이다. '가랑비에 옷깃 젖는다'는 속담도 있듯이, 등·하굣길의 환경이 유해하다면 시간이 점차 지날수록 학생도 유해 환경에 친숙하게 되어 일탈적 성향이 형성될 여지가 있는 것이다.

### 4) 교육당국의 책임 약화

교직에 대한 사명감이 부족한 교사들의 문제도 있지 않은가 여겨진다. 초·중등 교원의 임용이 책임감보다는 성적 위주로 이루어지는 데에서 비롯되는 불가피한 문제인 측면이 있는 듯하다.

## 4. 지역사회 환경적 요인

아동·청소년들이 성장하는 지역사회에 지나치게 불건전한 문화가 팽배해 있다면, 이도 문제가 될 수 있다. '비행하위문화이론' 내지 '폭력성하위문화이론' 같은 설명들이 이러한 입장을 취하고 있다. 특정한 지역(주로 저

교육·빈곤 계층이 거주하는 슬럼가 등)에서는 우리 사회의 관습적·합법적 가치보다 폭력성 등 비행적 가치를 더 우선시하거나 숭상하는 경우도 있는데, 이러한 지역에서 거주하거나 성장한 아동·청소년들은 자연스럽게 이러한 비행·일탈적 가치가 몸에 밸 수 있다.

## 5. 거시적 사회변화 요인

### 1) 성의식 변화

현대사회의 정보화·국제화는 문화를 공유하게 하는 문화의 개방시대를 도래하게 하였다. 인간문화의 일부인 성(性)문화도 예외가 아니었다. 오히려 성문화는 다른 문화보다 은밀하고 빠르게 전달되는 측면이 있다. 돈이 필요한 일부 학생이나 직장인 등은 성매매를 하기도 하며, 일부에서는 성을 노골적으로 묘사해 성적 욕구를 충동하고 성의식의 문란을 부채질하기도 한다(강맹진, 2011: 16). 이러한 성의식 변화는 청소년의 성적 비행·일탈을 유발하기도 한다.

### 2) 학력주의·학벌주의

상급 교육기관에의 진학, 명문 학교에의 입학 등을 목표로 내세우고 강요하는 우리사회의 풍토로 인해 많은 문제가 발생하기도 한다. 청소년들에게 불필요하고 과도한 스트레스를 주며, 낙오되거나 다른 진로 희망을 가진 학생들에게는 별 다른 교육 프로그램이 제공되지 않아 일탈의 여건을 조장하기도 한다.

### 3) 배금주의

최고의 가치를 돈에 두게 되면서 나타나기 시작한 각종 현상들이 국가사회 전반에 미치는 폐해가 크다. 근래에 급격하게 증가하는 보험범죄를 비롯한 사기·횡령·공무원범죄 등 지능범죄는 물론이고, 정치·경제·사회·교육 등 분야를 가리지 않고 근절되지 낳고 있다(강맹진, 2011: 19). 이러한 풍토는 청소년들의 비행에도 영향을 미칠 수 있는데, 친구를 괴롭히고, 비난을 받더라도 금전적 이득을 취하는 것을 택하는 잘못된 판단으로 이어질 수 있다.

### 4) 이기주의

이기주의란 남을 배려하지 않는 태도로 자기의 이해관계나 주장을 중심으로 삼으며 남의 처지를 돌보지 않는 주의이다. 자기주의 또는 자기중심주의라는 표현도 적절할 것 같다. 현대사회는 갈수록 삭막해지고 기계화되어 가고 있다(강맹진, 2011: 24). 이러한 이기주의적 사고는 청소년들에게도 좋지 못하게 작용하는데, 친구나 타인의 고통, 괴로움을 고려하지 않는 이기주의적 사고가 지나치면 비행·일탈로 번질 수도 있을 것이다.

# 제9장 노인범죄

## 제 1 절 노인범죄의 의미

한국의 인구 고령화 속도가 세계에서 가장 빠른 것으로 나타났다. 통계청과 보건복지부에 따르면 한국은 2000년에 이미 65세 이상 고령인구비율이 7.2%로 '고령화사회'에 접어든 것이다. 유엔은 65세 이상 인구가 총인구의 7% 이상이면 고령화 사회, 20% 이상이면 초 고령화사회로 정의하고 있다. 통계청의 '인구주택총조사'에 의하면 지난 1985년에 68.0세이던 평균수명이 1990년에는 71.3세로 높아졌고, 2005년 평균수명은 77.7세이고 남자 74.4세, 여자 81.2세에 달할 것으로 나타났다. 이러한 사회의 변화를 감안하여 종래 그다지 논의되지 않았던 고령자(60세 이상인 자를 지칭함)에 대한 형사정책적 관심도 그만큼 높아지고 있다(김용준, 2012: 558).

노인범죄에서 노인의 나이에 대해 검찰청의 범죄분석 자료에는 61세 이상을 기준으로 하고 있고, 법무연수원의 「범죄백서」에는 60세 이상의 범죄인을 노인범죄인이라고 하며, 노인복지법에서는 노인을 65세 이상으로 보고 있는 등 노인의 연령기준에 대해 여러 기준이 있지만 통일되지 않아 혼란을 초래하고 있으므로 통일을 기할 필요가 있다(천정환・이동임, 2012: 25).

참고로 「형의 집행 및 수용자의 처우에 관한 법률 시행령」 제81조(노인수용자 등의 정의)에서는 '노인수용자란 65세 이상인 수용자를 말한다'고 규정하고 있으며, 「형의 집행 및 수용자의 처우에 관한 법률 시행규칙」 제73조에서도 기본수용급의 구분과 관련하여 제6호에서 '65세 이상의 노인수형자'로 규정하고 있다.

# 제 2 절 노인범죄의 특징

## 1. 가정폭력의 비중

남성노인의 경우나, 여성노인의 경우나 노인범죄 중 많은 비중을 차지하는 것은 가정에서 발생하는 폭력이나 폭언 등의 범죄라는 점이다. 가정에 머무르는 시간이 많아서 상호간에 긴장·갈등이 발생할 소지가 많은 것이 그 원인이 될 수 있다. 또한 평생을 살아오며 서운했던 감정들이 누적되어 상승된 스트레스 수준이 유지되는 것도 문제이다. 젊은 시절 남성에 비해 물리력으로 열세에 있던 여성이, 노년기에 체력이 약해진 남성에게 젊은 시절의 학대나 폭력을 되갚고자하는 심리에서 폭력이 발생하기도 한다. 건강의 이상, 신경과민, 권위의식 등으로 자녀들에게 폭언이나 폭력을 행하게 되기도 한다.

## 2. 사소한 원인 및 사소한 범죄

노인이 행하는 살인 등의 중범죄는 적지만, 노인이 행하는 살인은 젊은 이들과 달리 TV채널권이나 음식투정 등 사소한 일에서 비롯되는 경우가 많다고 한다(천정환·이동임, 2012: 28). 원인뿐 아니라 범죄의 태양 및 종류도 비교적 사소한 것이 많다.

## 3. 소통·관계의 기술 부족

노년기에는 기억력 감퇴와 함께 신체 각 부위의 노쇠화 현상이 커지고 관심은 사회에서 가정으로 마지막에는 자기 자신에게 집중된다. 이대 노인들은 약함에 대한 의식에서 불안감을 느끼고 쉽게 격노하는 경향이 있다(김용준, 2011: 445).

신체적으로 시력이나 청력 등 지각·인지 기능이 저하되는 것도 소통이나 관계에 장애를 미치고 각종 오해나 서운함 등을 발생시키는 원인이 되기도 한다. 또한 평생을 살아온 고착된 습관도 유연한 소통을 방해할 수 있다.

## 4. 약자적 특징의 발현

노인범죄의 경우 가해자 스스로가 약자적 입장인 데에서 비롯되는 특징들이 있다. 즉, ① 더 약한 자를 찾아 범행을 하거나, ② 물리적으로 아주 손쉬운 방법의 범행을 택하는 등이 이에 해당된다. ① 아동에 대한 성추행 범죄의 범인이나 장애인을 괴롭힌 범인들을 검거하여 보면, 노인인 경우도 많으며, ② 노인들은 강한 물리력을 사용한 살인, 폭행, 강간 같은 범죄를 잘 범하지 못하고, 방화, 폭언, 사기와 같이 물리적으로 손쉬운 범죄에 있어서 상대적으로 많은 비중을 차지하는 특징이 있다.

# 제 3 절 노인범죄의 원인

## 1. 인생에 대한 보상심리

살아온 지난 세월에 대한 아쉬움·후회 등의 감정에 대하여 보상받고자 하는 심리가 작용할 수 있다. 가정, 조직, 국가나 사회 등에 대하여 많은 기여를 했다고 자평하는 데 비하여, 자신이 스스로의 생각보다 잘 대접받지 못한다고 여기면, 폭언 등을 행하게 되는 경우가 있다.

자아통합적 성찰을 하지 못할 경우 긴장수준이 높아져 있는 경우가 많기 때문에, 누군가 나를 무시하지 않는가에 대하여 상당이 긴장되어 있기 마련이고, 이 경우 쉽게 범죄로 이어질 수 있다는 것이다.

## 2. 존중과 배려에 대한 기대

스스로가 우리 사회의 원로이고 나이가 많기 때문에 상당한 배려를 받을 것이라는 기대심리에서 노인범죄가 비롯될 수도 있다. 즉, 사소한 범죄를 저지르더라도 '설마 이렇게 나이가 많은 노인인 나를 잡아가기야 하겠어?' 라는 심리가 있다면, 쉽게 범죄로 나아갈 수 있다는 것이다.

## 3. 생계의 곤란

노후를 잘 대비하지 못한 노인들의 비중이 상당하다. 가정을 유지하고 자녀를 키우면 정신없이 생활해온 세월동안 노후를 대비하지 못한 경우가 많기 때문이다. 소득 활동에서 은퇴하고 생계가 곤란해져서, 이러한 곤궁함에서 비롯된 절도, 사기 등 재산범죄를 범하게 되기도 한다.

## 4. 무료한 시간의 증가

남은 시간이 많아서 일탈 행위를 할 여지도 따라서 증가할 수도 있다.

활동성이론(activity theory)은 고령자는 만년에도 활동성을 보장하여야 한다고 주장하는데, 생산적 노동으로부터 물러났다는 것을 인정하는 것으로서도 자원봉사활동 등의 보람 있는 대체활동이 필요하고 그러한 자기의 존재가치를 보여주는 활동에 나설 수 없는 고령자는 잃어버리고 박탈된 '역할'의 보충으로서 일탈행동에 이를지도 모른다고 하고 있다(김용준, 2012: 558).

## 5. 불쾌 감정적 문제

소외감·외로움·우울감·박탈감 등의 불쾌한 감정들은 사회와 주변인에 대한 원망으로 이어져 범죄의 원인이 되기도 한다.

해제이론(disengagement theory)은 고령자가 자신이 원치 않게 강제로 물러난 경우 고령자에게 불만과 타격을 가져오는 일탈 행동의 동기를 부여한다는 설명을 제공하고 있다(김용준, 2012: 558).

## 6. 교화개선의 곤란 및 누적된 악습

노인들은 새로이 인격을 함양시키는 등 교육·재사회화시키기 어려운 문제가 있다. 특히 범죄 전력이 있는 노인의 경우, 고령으로 인하여 대개 많은 전과를 가지고 있는 경우가 많은데, 이런 경우 이미 고착된 악습으로 인하여 교화개선이 매우 곤란하며, 그렇기 때문에 다시 범죄를 범하게 될 여지가 크다는 것이다.

일부의 사람들은 나이가 들어도 만성적인 또는 지속적인 범죄자로 계속 남는다고 하는데, ① 아주 어린 나이에 범죄를 범한 사람, 소위 조기 범법자(early onset)들과 ② 공식적인 범죄기록을 가지게 된 사람들은 만성적인 범죄자가 되기 쉽다고 한다. 특히, 범죄로 큰 소득을 얻는 도박, 횡령, 사기와 같은 전문 범죄자들은 나이가 들어도 쉽게 범죄를 그만두지 못한다고 한다(조철옥, 2008: 40).

# 제 4 절 노인범죄의 문제점

박영규(2011: 372-376)의 견해를 토대로 노인범죄의 문제점을 개관하여 보자면 다음과 같다.

## 1. 빠른 증가

급속히 증가하고 있는 고령 인구의 수와 비중을 고려하면, 고령 범죄와 범죄자도 자연히 증가할 것이라는 점의 예견은 어렵지 않다.

## 2. 건강상의 문제

노인이 범죄를 저지르고 시설에 수용되었을 경우, 고령인 수형자들은 다른 연령층의 수형자들에 비하여 신체적·정신적으로 건강하지 못하다.

## 3. 높은 재범률

연령이 올라 갈수록 전과의 경험이 축적된다는 사실을 감안하더라도 범죄로 인해 수용된 고령수형자들의 높은 재범률은 충분히 문제가 될 것으로 예상할 수 있다.

## 4. 적응능력의 취약

고령으로 인한 교정교육 수용 능력 및 의지의 부족 같은 문제가 발생하고, 이는 출소 후 사회 재적응 등에도 장애 요인으로 작용하게 되며, 재수용 가능성을 높이는 결과를 초래할 수 있다.

## 5. 정책적 배려의 결여

발생규모가 크지 않고 경미한 범죄가 많다는 이유로 그 동안 형사사법기관의 고령범죄에 대한 특별한 대책이 마련되지 않은 실정이었다(박영규, 2011: 372-376의 내용 재정리).

## 6. 교정상의 문제

범죄성의 절정은 대개 20대를 전후한 시기이기 때문에 실제로 교정에서 노인수형자가 차지하는 비중은 크게 높지 않을 수 있다. 그러나 범죄연령이나 범죄성의 농도 등 노인수형자라는 특수한 신분을 고려하여 노인수형자의 기준을 일반사회에서의 노인층보다 낮게 잡을 필요성이 있을 수 있다. 범죄자에 대한 사회의 보수적 태도와 성향 및 그로 인한 형사정책의 보수화추세를 감안한다면 장기수형자가 증대할 것이고, 따라서 노령수형자의 인구도 늘어날 것으로 추정할 수 있다. 그렇다면 전체 수형자인구에서 노령수형자가 차지하는 비율도 무시할 정도로 낮은 것만은 아닐 것이다. 더불어 이들 장기수형자는 대체로 살인 등 폭력적 대인범죄를 중심으로 하는 중요 강력사건의 범행자이기 때문에 교정관리가 어려운 위험성 있는 수형자이다. 따라서 폭력적 범죄를 범하여 장기간 수형생활을 하기 때문에 교도소화나 수형자부문화에의 동화도 비교적 심각한 수형자라고 볼 수 있어 교정에 대하여 상당한 부담을 줄 수밖에 없다(이윤호, 2007: 374-375).

## 7. 인위적 해결 방법 부족

여러 문제가 심각하지만, 노인층 발생을 줄일 수도 없고, 노인복지를 위하여 보조금이나 불필요한 일자리를 인위적으로 증가시키는 것에도 많은 비판이 있으며, 장유유서 사상을 고려할 때 범죄 우려가 있는 노인들을 집중적으로 감시·통제하기도 곤란한 등 인위적인 해결 방안이 부족하다는 문제도 있다.

# 제10장 여성범죄

## 제 1 절 여성범죄의 의미

사회가 전문화되어 가고 복잡해져 감에 따라 범죄는 증가하는 것이 시대적 추세이다. 그런데 사회가 민주화·전문화되어 가고, 성역할 고정관념이 무너지면, 여성의 사회참여가 확대되어 가는 오늘날 여성에 의한 범죄도 증가한다. 과거에는 남성만의 특유한 영역의 범죄에도 이제는 여성이 주체가 될 정도로 과거에 비해서 여성의 범죄율이 증가하게 되었다(천정환·이동임, 2012: 16).

일반적으로 말해 여성범죄성에 관한 연구는 종래, 범죄학 분야에 있어서 비교적 등한시되어 온 과제라고 할 수 있다. 그것은 여성범죄의 공표 통계에 나타난 비율이 남성범죄에 비교해 극히 낮다는 사실에 의한 것인지도 모르고, 여성이 현대처럼 사회적 진출을 해오지 않았다는 현실에 의한 것인지도 모른다. 그러나 이렇기는 하나, 여성의 범죄성 문제는 롬브로조(C. Lombroso)가 이미 1903년에 '여성범죄학(The Female Offender)'이라는 저서를 낸 것에서 알 수 있듯이 예부터 범죄학자에게 관심이 있었던 화제이다(김용준, 2012: 209).

# 제 2 절 여성범죄의 특징

## 1. 여성의 화이트칼라범죄 관련 특징

① 같이 화이트칼라범죄로 묶일 수 있더라도, 남성의 지위가 대개 여성보다 높다는 점, ② 범죄로 인한 재정적 이득이 남성이 여성보다 훨씬 크다는 점, ③ 여성의 화이트칼라범죄는 대개 남성의 경우보다 사소하고 경미하다는 점, ④ 남성은 공범이 있는 경향이 있는 것에 비해, 여성은 혼자 범죄를 저지르는 경향이 있다는 점, ⑤ 범죄 동기로서의 금전적 필요가 남성보다는 여성에게 더 강하게 작용한다는 점, ⑥ 사문서 위조 등 보다 더 심각한 범죄일수록 남성과, 자산남용이나 배임과 같은 비교적 덜 심각한 화이트칼라범죄일수록 여성과 관련되는 경우가 많다는 점 등이 특징으로 거론될 수 있다.[11)]

## 2. 여성의 약물범죄 관련 특징

① 소녀가 소년보다 처음 성행위를 한 시점과 알코올과 약물 시작 경험이 같은 시기임을 보고하는 경향이 더 크다는 점(이에 비해 소년은 성행위를 시작하기 전에 알코올이나 약물을 시작하는 경향이 있다는 보고), ② 여성은 판매자나 다른 사용자로부터 약물을 얻기 위해 애인관계나 성행위를 제공해야 하는 위치에 놓여 지는 경향이 더 높다는 점, ③ 여성(내지 소녀)은 남성에 비해 기쁨이나 스릴 추구 등의 목적으로 약물사용을 지속하는 경향이 더 낮다는 점, ④ 남성은 남성다움, 폭력성의 추구 등의 이유로 크랙을 사용한다면, 여성은 거시적 일탈의 일환으로 성역할에 반대하는 행동을 하기 위한 방법으로 크랙을 사용한다는 점, ⑤ 여성은 약물사용의

11) 윤옥경 외 역. (2009). pp.136-137. 의 내용을 바탕으로 재정리한 것임.

목적을 우울증 완화 등 '자가 약물치료'적인 데에 두며, 위기나 심리적 스트레스에 대한 반응으로 약물사용을 계속하는 경향이 남성에 비해 강하다는 점 등이 특징으로 제시될 수 있다.[12)]

## 3. 여성의 아동학대 관련 특징

방임, 폭력, 유기 등 아동이나 유아에 대한 비성적 학대는 오랫동안 여성과 관련된 범죄라고 여겨졌다(Smart, 1976). 이런 범죄가 실제로 남성보다 여성에 의해 많이 행해지는가에 대한 여부는, 특히 부모가 자녀와 접촉하는 시간을 고려한다면 논쟁의 여지가 있다. 만약 여성이 자녀에 대해 남성보다 더 잔혹한 행동을 가한다면 그것은 그들이 자녀 약육에 대한 책임의 대부분을 지고 있다는 사실에서 기인할 가능성이 높다(Smart, 1976).

자녀를 살해한 어머니는 문화적으로 규정된 성역할을 위반한 사례 중 가장 선정적이고 상징적으로 묘사된다. 전국적인 연구들은 남녀가 동등하게 자녀나 의붓자식을 살해하는 경향이 있다고 지적하지만(Fox and Zawitz, 2004 ; Greenfeld and Snell, 1999), 어머니는 매우 어린 자녀를 살해하는 경향이 있고(영아 사망을 불러오는 유기를 포함해) 아버지는 8세 이상의 자녀를 살해하는 경향이 있다는 일부 지적이 있다(Greenfeld and Snell, 1999 ; Rodriguez and Smithey, 1999).[13)]

---

12) 윤옥경 외 역. (2009). pp.137-138. 의 내용을 바탕으로 재정리한 것임.
13) '3. 여성의 아동학대 관련 특징' 부분은 〈윤옥경 외 역. (2009). p.149.〉 의 내용을 인용한 것임.

## 4. 여성의 살인 관련 특징

대부분 살인은 남성에 의해 행해지고 있다. 비록 미국에서 남성이 여성보다 전체적으로 훨씬 더 많은 살인을 저지르지만, 여성이 살인을 저지른 경우 피해자는 전형적으로 남성 파트너다(남자친구, 남편, 전 남편 등)(Browne and Williams, 1989 ; Gauthier and Bankston, 1997 ; Greenfeld and Snell, 1999). 더욱이 1976~2002년의 살인에 대한 한 연구는 여성이 현재 남편이나 전남편, 남자친구를 죽이는 것보다 남성이 현재 부인이나 전 부인, 여자친구를 더 많이 죽이고 있는데도, 여성 살인에서는 남성 살인에 비해 친밀한 파트너의 비율이 훨씬 높다고 보고했다.[14)]

14) '4. 여성의 살인 관련 특징' 부분은 〈윤옥경 외 역. (2009). p.155.〉 의 내용을 인용한 것임.

# 제 3 절 여성범죄의 원인

## 1. 심리 · 생물학적 원인

### 1) Freud의 설명

Freud는 여자아이는 남자의 성기를 가지고 있지 않기 때문에 열등감을 느낀다고 지적했다. 여자아이가 그런 열등감을 극복하는 방법은 두 가지이다. 하나는 남자아이들보다 예쁜 옷을 입어서 꾸미는 것이다. 이것은 일반적인 여자 아이들의 반응이다. 그러나 소수의 여자아이들은 남자아이들의 과격한 행동을 모방함으로써 남성의 성기를 갖지 못한 것에 대한 콤플렉스를 극복하려고 한다. 그래서 이들 중에서 여성범죄자가 많이 발생한다는 것이다(전돈수, 2005: 155).

### 2) 호르몬 이상의 영향

생리 등 호르몬 작용 및 이상 분비 등의 영향도 꾸준히 제기되고 있다.

여성들이 주로 저지르는 절도는 백화점이나 상점에서 물건을 슬쩍하는 들치기(shoplifting)가 많다. 들치기는 매우 일상적인 범죄로서 남성도 많이 저지르는 범죄이지만, 유독 여성의 들치기가 관심을 끄는 것은 여성의 이 행위가 생리전기증후군(PMS: premenstrual syndrome)에 따른 속칭 '생리도벽' 때문이다. 이 PMS는 여성에 따라 상당한 차이가 있는 것으로 알려져 있다. PMS가 심각한 상태는 정신적으로 우울증, 신경과민, 충동·공격적 성향, 주의집중 결여, 기억력 장애, 자살충동, 피로감, 분노 등이며, 육체적으로는 불면증과 과식증, 하복부·유방·관절의 통증, 몸이 붓는 증상, 구토·오심·발한 등이 나타난다고 한다. 대개 월경 전 1주일 전부터 시작되었다가 월경과 동시에 없어지는 경우가 많다고 하며 원인은 분명치 않으나 월경 전 여성호르몬의 변화 때문으로 추정되고 있다. 대부분의 여성은 PMS가 어느 정도 있지만, 심한 경우는 가임여성의 5~10%라고 한다(전대양, 2002: 75).

### 3) 연약함에 대한 방어

연약함을 방어하기 위한 행동의 일환으로 자기방어적 범죄가 발생할 수 있는데, 특히 위협적 파트너에 대한 범죄가 대표적이라 할 수 있다.

### 4) 여성 고유의 심리적 특성

여성은 남성과 달리 수동성, 감수성, 질투감, 의존성이 강한 심리적 특성이 있다는 주장도 있는데, 이에 따르면 이러한 특성이 범죄의 특성에도 반영될 수 있다는 것이다. 예컨대, 가령 치정살인의 경우에는 오히려 여성이 남성보다 더 잔인한 경우가 있는데, 그것은 질투심이 강한 여성의 심리적 특성에서 비롯된 것이라는 것이다(천정환・이동임, 2012: 17).

### 5) 공격성의 치환

남녀 간의 심리적 성차에 관하여, 양 성별 모두 공격성을 보이지만 여성은 신체적 공격성의 부족을 언어적 공격성으로 보충한다는 견해도 있다(천정환・이동임, 2012: 17).

## 2. 사회학적 원인

### 1) 여성의 사회진출 증가

여성의 교육수준이 증가하고 사회활동 수준이 높아지고 있으며, 소득·경제적 자립도도 증가하고 있다. 이는 여권신장적 측면도 있지만, 본질적으로 '험한' 사회에 여성이 노출될 소지도 증가시키는 것이다. 예컨대, 집에만 있으면 범할 기회가 거의 없는 범죄들을 직장에서의 스트레스, 진급을 위한 분투의 과정 등에서 행하게 될 수 있는 것이다. 직장 동료에 대한 험담이나 비방, 부하직원에 대한 폭언 등이 이에 해당될 수 있다.

### 2) 전형적 여성상과의 격차

여성범죄의 문제라기보다는 널리 여성의 일탈 또는 '못된' 여성의 문제와 관련하여서, '전형적 여성상과의 격차' 문제를 생각해볼 수도 있다. 즉, 우리 사회에서는 일반적으로 대중매체 등을 통하여 일정한 미적 기준 등을 전형적으로 규정하고 있는데, 이에서 벗어난 것으로 간주되는 여성이 있다면, 실제로 악행을 하지 않더라도 무언가 행동이 '못된'것처럼 여겨져 여성의 '문제'를 남성이나 우리사회로부터 과장시키는 작용을 한다는 것이다.

### 3) 여성을 유혹하는 사회

각종 유흥주점이 범람하고 수요가 증가하고 있다. 이러한 유흥업·매춘업 등에 종사하면 단기간에 쉽게 많은 돈을 벌 수 있을 것이라는 신념의 확산 등 여성을 일탈과 범죄로 유혹하는 요인이 많은 사회가 되어 가고 있다.

좀 다른 측면에서, 명품 등에 열광하는 사회가 되어가고 있지만, 이를 구매할 경제력이 없는 여성이라면, 구매 비용을 마련하기 위한 재산범죄를 꿈꾸거나, 탐이 나는 명품 등을 직접 훔치고 싶은 욕망이 들 수도 있을 것이다.

### 4) 여성 일자리 부족

여성의 사회 활동이 증가하였다고 하고, 많은 일자리가 여성에게 개방되었다고 하지만, 사실은 여전히 좋은 일자리들은 여성에 대하여 폐쇄적이며, 급여·처우·안정성·상층 이동 가능성 등을 고려했을 때, 여성을 위한 좋은 일자리는 부족한 측면이 있다. 이러한 문제는 사회적으로 여성의 긴장성을 높이고, 생계의 곤란 등의 문제를 초래하기 때문에 여성 범죄의 거시적 원인이 되기도 한다.

### 5) 시각과 관점의 문제

실제로 여성이 범죄를 범하지 않더라도 일탈으로는 간주되거나 적어도 악성을 가진 것처럼 포장되는 억울함이 발생되는 경우가 있다. 이는 마치 범죄자인 것 같은 낙인을 발생시킬 수 있어서 문제가 될 수 있다. 즉, 보수적인 여성상의 강요에서 문제가 비롯될 수 있는데, 보수적인 여성상에서의 이탈이 때로는 여성의 일탈로 간주되는 경향이 있다. 즉, (남성이라면 별 문제라 되지 않을) 불량스럽거나 지나치게 노출되는 옷차림, 개방적인 성의식, 흡연 등이 여성에게 차별적으로 낙인을 발생시킬 수 있다는 것이다. 결과적으로 여성의 악성을 과장하는 문제가 발생한다.

예컨대, 흡연 등 비행행동을 파출소에 온 남·여 학생을 가정하여 보자면, 남학생의 경우 흔한 흡연으로 간주되어 쉽게 훈방될 것이나, 여학생의 경우 좀처럼 보기 어려운 불량학생으로 간주되어 세밀한 조사를 받거나 여죄를 추궁받을 수도 있다는 것이다.

### 6) 더 높은 허들(hurdle)

우리사회에서 여성은 남성에 비하여 비교적 더 높은 고결성을 강요받곤 한다. 즉, 품행 등에서 많은 제약을 받으며, 더 높은 허들(hurdle)에 직면하게 된다. 예컨대, 학교중퇴 등 학업의 중단, 사소한 비행경력으로 인한 낙인의 피해는 여성에게 더 강하게 작용하여, 이후의 대인관계, 취업·고용 등에 부정적인 영향을 미친다. 즉, 사회가 기대하는 '고결성'이 훼손되면 그러한 여성의 악성은 부당하게 과장될 수 있는 문제가 있다는 것이다.

### 7) 은폐 가능성

폴락(1950, 1961)의 분석에서 가장 중요한 강조점은 여성 범죄성의 '가장된(masked)' 본질이었다. 그는 남성과 여성의 범죄율이 비슷할 것이라고 추정했다. 폴락에 따르면 여성범죄는 부분적으로는 형사사법 체계에서 여성에 대한 기사도적이고 관대한 처분에 '감추어져' 있다고 주장한다. 그러나 폴락의 주된 요점은 여성이 자신의 범죄를 감추는 능력(능동성·적극성을 숨기는 능력)이 매우 뛰어나다는 것이다. 그는 여성의 '기만적' 본질을 강조하면서 이런 주장을 뒷받침하기 위해 생리를 한다거나 성교 중에 느끼는 오르가슴, 성교 시 수동적인 역할을 가장할 수 있는 여성의 능력을 증거로 제시했다(윤옥경 외 역, 2009: 45).

### 8) 환경의 영향

가정에서의 결손 발생이나, 긍정적 유대 관계의 파괴·훼손 등의 부정적 영향은 남성보다 여성에게 더 강하게 작용되는 경향이 있다. 즉, 예컨대, 긍정적 기제로 작용하던 부모의 결손이 발생할 경우, 소년보다 소녀가 더욱 부정적 영향을 받기 쉽다는 것이다.

## 제 4 절 여성범죄에 대한 처벌

범죄처리 과정에 성차별이 존재하는지, 만약 존재한다면 여성에 대한 차별인지 남성에 대한 차별인지를 확인하기 위해 세 가지 가설을 검토할 수 있다. ① 동등 처우 가설(equal treatment hypothesis), ② 기사도주의(온정주의) 가설(chivalry (paternalism) hypothesis), ③ '악마'적 여성 가설(evil woman hypothesis)이 그것이다. ① 동등 처우 가설(혹은 영가설)은 사법처리 과정에 성차별은 존재하지 않는다고 주장한다. 즉 남성과 여성은 동일하게 처우된다고 본다. 예컨대 소년과 소녀가 맥주 음주로 경찰관에게 체포될 경우 유사한 처벌을 받는다는 것이다. ② 기사도주의나 온정주의 가설은 오히려 남성 범죄자에 대한 성차별이 존재한다고 본다. 즉 여성은 남성과 비교할 때 더 관대하게 다루어지고 처우된다고 주장한다. 이 신념은 토머스(Thomas, 1907)와 폴락(Pollak, 1950)에 의해 최초로 제기되었다. 예를 들어 한 소녀가 맥주를 마시다가 체포된다면 맥수를 쏟아버리고 집에 돌아가도록 조치가 취해지겠지만, 남자아이가 맥주를 마신 행위로 체포된다면 소년법원)에 회부된다는 것이다. ③ 세 번째 유형인 악마적 여성 가설의 요지는 사법처리 과정에 여성에 대한 차별이 존재한다는 것이다. 즉 여성은 유사한 범죄를 저지른 남성보다 더 가혹하게 취급받는다는 점이고, 따라서 "여성 피의자는 범죄행위뿐 아니라 부적절한 성역할 행위에 대해 처벌을 받는다"는 것이다(Nagel and Hagan, 1983, 116). 악마적 여성 가설은 종종 기사도주의 혹은 온정주의 가설과 반대되는 명제로 보이기도 한다. 이 경우 맥주를 마신 소년은 전과기록 없이 집으로 보내지지만 맥주를 마신 소녀는 소년법원에 회부되어 처벌을 받을 것이다.[15)]

---

15) '제4절 여성범죄에 대한 처벌' 부분은 〈윤옥경 외 역. (2009). p.171.〉 의 내용을 인용한 것임.

# 제11장 화이트칼라범죄로서의 공무원 범죄

## 제 1 절 공무원 범죄의 의미

공무원범죄란 형법상의 범죄의 성립요건인 행위의 구성요건 해당성, 위법성, 그리고 책임성의 세 가지 요소에 의하여 성립되며 국가가 보호하는 사회생활상의 이익·가치를 침해하는 반사회적인 행위를 의미한다고 할 수 있다(Cole, 1983: 1-30 ; 홍근영, 2004: 13에서 재인용).

범죄의 주체가 공무원의 신분을 요하는 경우로 볼 때 광의로는 공무원의 신분을 취득하고 있는 자가 범한 모든 범죄를 지칭하고, 협의로는 공무원이 직무와 관련하여 범하는 범죄만을 의미한다고 볼 수 있다. 비록 범죄주체가 공무원이라 하더라도 직무와 상관없이 행하여진 범죄에 있어서는 공무원 아닌 자의 일반범죄와 별도로 논의할 실익이 없다고 보여진다(홍근영, 2004: 13).

# 제 2 절 공무원 범죄의 유형

## 1. 생계유지형 범죄

공무원의 경우도 공무원 본인은 물론, 딸린 가족 등을 부양해야 함은 당연하다.

생계유지형 범죄란 하위직 공무원이 국가에서 지급하는 보수만으로는 기본적 생활을 영위하는데 위협을 느껴 양심의 가책을 느끼면서도 부정의 유혹을 뿌리치지 못하여 범죄행위를 하고, 이러한 부정소득으로 생계의 적자를 메꾸어 나가는 정도의 범죄형태라고 할 수 있는데(조영재, 1980: 35 ; 홍근영, 2004: 24에서 재인용), 이러한 유형의 범죄는 주로 생활이 어려운 하위직 공무원이 생계를 유지하기 위해 담당·처리하는 업무와 관련하여 뇌물을 수수하는 행위 등의 형태로 다양하고 광범위하게 발생하며, 특히 비교적 보수수준이 낮은 개발도상국의 경우에는 구조화되어 있다고 볼 수 있다(홍근영, 2004: 24).

## 2. 축재형 범죄

축재형 범죄란 하위직 공무원이 그의 공직을 치부와 축재의 수단으로 삼아 고의적으로 공직수행의 상대방(국민·기업·타 공무원)을 유인·위협하거나 또는 소극적으로 거액의 뇌물을 거부하지 아니하고 수수하여 이러한 부정소득으로 치부하는 범죄형태로 이러한 범죄는 하위직 공무원의 행위이기는 하나 그 규모, 범의의 간악성과 적극성, 그리고 타인에 대한 영향·책임성·치유가능성 등에 비추어 생계유지형 범죄보다 훨씬 더 비난받아야 하고 처벌에 있어 정상참작의 여지가 적다고 할 수 있다. 그러나 실제에 있어서 생계유지형과 축재형을 구별하는 것은 그리 쉬운 일이 아닐 것이다. 우리사회에서 논안의 대상이 되고 있는 세무·교통·위생·도시계획·건축·검사 분석 등의 분야에 종사하는 일부 하위직 공무원의 범죄가 이에 해당한다(조영재, 1980: 37 ; 홍근영, 2004: 26에서 재인용).

## 3. 권력형 범죄

권력형 범죄란 고위직 공무원이 직접적이거나, 간접적으로 그 직무와 관련하여 자신의 공직을 이용하여 치부와 축재, 혹은 자기와 관련된 타인의 이익을 위해 저지르는 범죄를 말한다.

권력형 범죄는 주로 중요한 시책의 입안·결정, 특정 인·허가, 인사 등과 관련된다. 예를 들면 금리 및 환율인상, 골프장이나 관광업소 등의 허가, 아파트 등의 건설과 정부공사계약, 국유지매각, 도시계획 등 국토건설계획, 외자도입 등과 관련되는데, 특히 경제발전과 자본 축적이라는 구실로 기업인과 유착하여 특정인의 재벌화를 돕는 경우도 있다. 즉 주목할 것은 정치권력의 직·간접적인 개입으로 인해 발생하는 권력형 범죄이다. 정치부패의 범주에 속하는 이러한 권력형 범죄는 통상 정경유착, 정·관·경 유착 속의 부정부패와 밀접한 관련을 맺고 있다(조현연, 2001: 94 ; 홍근영, 2004: 27에서 재인용).

# 제 3 절 공무원 범죄의 특징

## 1. 상 · 하급 공무원범죄의 특징

첫째, 주된 범죄의 과정 및 유형이 다르다. 상급 공무원은 기업주 등 상류계층 인사들과의 긴밀한 유대 아래 사회적 · 인간적 관계를 형성하여 특정된 목표를 실현하기 위하여 노력하는데, 이 과정에서 주로 뇌물이 수수되며, 그들이 범하는 범죄는 주로 뇌물죄에 국한된다. 이에 반해 하급 공무원은 뇌물죄 이외에 사기 · 횡령 · 문서위조 · 공갈 등에까지 이른다.

둘째, 상급 공무원이 범하는 범죄의 특징은 조직적 · 의도적 · 계획적이고, 그들이 무대로 삼는 사회관계는 정계 · 관계 · 재계에 걸쳐 광범위한 반면, 하급 공무원이 범하는 범죄는 비조적적 · 비의도적 · 무계획적이고 우발적인 것이 많다.

셋째, 상급 공무원은 고위 사교클럽, 가족 · 친지, 동문회 등에서 친숙해진 인사들과 교제하며, 따라서 임지나 소속기관이 바뀌더라도 인간관계 · 사회관계에 큰 변화가 없어 비리관계가 오래 지속될 수 있으며, 그 결속이 이해관계보다는 우정 · 친목 · 혈연 등으로 포장될 수 있는 경우가 많아서 수뢰사실을 입증하기 곤란한 경우가 많다. 이에 비해 하급 공무원의 대인관계 및 사회관계의 범위는 이웃주민, 관련 업자 등 자주 얼굴을 맞대는 사람에 한정되는 경우가 많아서, 임지나 소속기관이 바뀌면 사회관계 · 인간관계가 바뀌고 단절되기 쉽고, 반면에 이해관계가 드러나기 쉬워서 비리의 검거 · 입증의 가능성은 높다.[16)]

16) '1. 상 · 하급 공무원범죄의 특징' 부분은 〈홍근영, (2004). p.30.〉 의 내용을 바탕으로 재정리한 것임.

## 2. 범죄기간적 특징

공무원범죄는 발생 후 단기간에 인지되는 비율이 형사범보다 상대적으로 낮다. 이는 공무원범죄 중 뇌물죄는 대향적인 것이 아니라, 상호 보통의 이익관계를 유지하기 위한 범죄이므로 제3자나 수사기관에 인지되는데 기간이 오래 걸리고, 직권남용죄나 직무유기죄 등은 피해자의 개인적 사정이나 피해의식의 결여 등의 이유로 쉽게 인지되지 않는다고 볼 수 있다.

그리고 공무원범죄는 비교적 오랜 기간이 지난 후 검거되는 비율이 형사범에 비해 상대적으로 높다. 이는 공무원범죄에 있어서는 범죄가 발생하더라도 뇌물죄의 경우에는 검거함에 있어 사실상 자백에 의존할 수밖에 없고, 증거를 수집하기도 곤란하며, 직권남용 등의 범죄는 대부분 검찰·경찰·교도관 등의 공무원에 의해 범해지므로 자기 비호적 속성에 의해 쉽사리 수사에 착수하지 못한다(홍근영, 2004: 31).

## 3. 화이트칼라범죄로서의 특징

공무원범죄도 화이트칼라범죄의 일종으로 볼 수 있는 바, ① 계층성·신분성, ② 관료성·권력성, ③ 지능성·계획성, ④ 잠재성·비노출성 등 화이트칼라범죄로서의 특징을 공유한다고 본다(홍근영, 33-36).

# 제 4 절 공무원 범죄의 영향

## 1. 최고 통치권자 및 정부에 대한 국민적 신뢰 저하

거의 모든 국가에서 자국의 공무원범죄와 부정부패를 일소하려 노력해왔다. 집권세력이 바뀔 때마다 거의 매번 부패를 일소하겠다는 강력한 통치권의 의지표명이 있어 왔음에도 불구하고, 이렇다할 획기적 변화없이 부패문제가 상존하고 있음은 그러한 의지표명을 해온 최고 통치권자는 물론, 국가와 정부기관에 대한 국민적 신뢰를 저하시켜 왔다. 이것은 곧 부패 문제가 국민으로부터의 권위확보라는 문제와도 직결되어 있음을 의미한다(혼근영, 2004: 38).

## 2. 사회 총체적 기강 저하 현상의 발생과 국가 발전상의 위기 초래

공정무사(公正無私)와 청렴결백에 가장 많이 기대되는 직책의 소유자와 부문(예컨대, 고위공직자 및 권력기관 근무자, 검・경찰, 교육계, 세무・세관, 언론계, 법조계 등)에서의 부정부패는 공권력에 대한 국민의 신뢰를 급속히 저하시키는 것은 물론, “저런 사람들마저 썩었는데, 나라고...”하는 식의 자기비하적 가치포기 행태를 조장한다는 점에서 대단히 위험천만한 일이다.

이러한 공권력의 권위상실, 한탕주의, 그리고 자기비하적 가치포기 행태의 만연은 곧 국가발전의 원동력으로서 사회기강의 이완을 의미하는 것이며, 세계 각국의 흥망성쇠(興亡盛衰) 역사는 사회기강의 이완으로부터 망국이 시작됨을 경고해 주고 있다. 예를 들어 중진국 수준에 도달했으나 지금은 또 다시 후진국으로 회귀하고 있는 중남미 국가들의 경우가 이를 입증하고 있다. 또한 부패의 사회적 만연과 구조화는 인재와 재화의 불량순환을 초래하여 국가 발전의 구조적 장애용인으로 작용한다는 것이 일반적인 진단이다(홍근영, 2004: 39).

## 3. 자원의 비합리적 배분에 따른 막대한 사회경제적 비용의 초래

부정부패가 공공부문에서의 엄청난 경제적 손실을 가져온다는 것은 이미 잘 알려진 사실이다. 한 예로 세제상의 부패, 특혜를 위한 불필요한 계약 등과 같은 부패는 막대한 국가재정의 손실을 초래한다. 또한 교통평가·환경평가와 무관한 건물의 건축이 허용되기도 하고, 토지의 용도변경이 비정상적으로 허용됨으로써 대도시의 공해와 막대한 출·퇴근시간의 허비가 초래되기도 한다. 나아가 정보 유출의 형태를 띤 부정부패는 적절한 정부의 계획기능을 왜곡시키게 된다(예 : 공사정보의 유출로 인한 지가상승 등)(홍근영, 2004: 40).

# 제 5 절 공무원 범죄의 원인

## 1. 정치 체계적 요인

정치구조가 관료 부패현상의 가장 큰 진원지이며, 또한 그 확산효과도 가장 크다는 것을 지적할 수 있다. 즉 이것이 부패의 요인이라는 것은 정치에도 많은 돈이 필요하다는 사실에 기인한다.

선거자금 뿐만 아니라, 평소에 정당을 유지하고 각종 정치활동을 전개하기 위하여도 정치자금이 필요하다(홍근영, 2004: 43).

## 2. 법체계 및 부패대응의 정책적 요인

### 1) 법집행

부패를 유발하는 원인 중 하나는 무엇보다 부패행위를 다루는 법률과 법령 등 반부패 관련 법규가 일관성 있게 제대로 갖추어져 있지 않은 현실에서 찾을 수 있다. 즉 강력한 법규와 그에 따른 집행이 이뤄진다면 부정부패와 공무원범죄는 많이 발생하지 않을 것이다(홍근영, 2004: 46).

### 2) 정부통제

정부통제 기능의 확대 자체가 부패 현상과 연결되는 경우가 허다하다. 통제기능이 부패행위와 연결될 가능성이 많다는 것은 가령 "집을 한 채 지으려고 하면 실로 십여 군데에 뜯겨야 한다"는 말이 과거에 공공연히 나돌았다는 사실을 상기하면 어느 정도는 이해가 될 것이다.

통제기능의 증가는 현대 산업사회에서 필연적인 것이기는 하지만, 그것이 자칫 잘못하면 다른 요인들과 결부되어서 공무원들의 부패행위의 수단 또는 계기를 마련하여 주는 격이 되기도 한다(김해동·윤태범, 1994: 51-52 ; 홍근영, 2004: 47에서 재인용).

### 3) 반부패 정책

정부를 비롯한 공공기관들이 제대로 반부패 정책수행 기능을 다하지 못한다는 사실이 부패의 원인이 된다는 것은 결국 각 구성원들이 알아서 적당히 처리하고 있다는 뜻이 되기도 한다. 즉 정부의 부패척결에 대한 적절한 대응정책이 실효성 있게 추진되지 않는다는 요인이 부정부패를 유발시킬 수 있다는 것이다. 이는 부정한 방법 또는 부정행위를 정당화하게 해주게 되는 것이다(홍근영, 2004: 48).

### 4) 처벌과 사정

공무원의 부정부패에 대해 처벌할 수 있는 법률이 많음에도 범법 공무원에게는 타 범죄와 달리 주로 불기소처분이나 집행유예 등 가벼운 처벌을 하고 있는 현실이 부정부패를 유발시키는 원인이 된다.

또한 공무원의 부정부패를 예방 또는 적발하는 사정기관의 활동이 부정부패 척결 내지 통제를 위해 지속적으로 활동해야 함에도 여러 사정기관들은 일과성 내지 일회성 이벤트식의 사정을 함으로써 마치 구멍이 큰 그물에 큰 물고기만 걸리고 작은 고기는 다 빠져나가는 식이 되거나, 물고기가 잡힐만한 곳에만 그물을 쳐서 잡는 식으로 해서는 범법 공무원을 척결하는데 한계가 있다(홍근영, 2004: 49).

## 3. 경제적 요인

### 1) 정부주도의 개발 정책적 측면

1961년 5·16 이후 정부 주도하의 경제개발정책은 급속한 경제성장을 이룩하였다. 이러한 경제개발에 있어 공무원은 중추적인 역할을 해왔다. 특히 공무원은 경제발전을 위해서 산업구조를 조정하고 전략적 산업육성을 위해 특정기업을 지원하여야 하며, 국내산업을 보호하기 위해 수출입 규제를 하기도 한다. 또한 전반적인 산업의 보호육성을 위해서는 물가를 조절해야 하고 자금이나 노동조합의 기능도 통제해야 한다.

정부의 역할이 이렇게 증대되고 그 영향력이 국민의 경제생활 전반에 파고들 때 개개적인 국민, 특히 경제인들은 정부에 의존할 수밖에 없고, 정부의 보호를 자기유지의 절대요건으로 삼지 않을 수 없다. 너구나 정부가 베풀어줄 수 있는 혜택을 한정될 수밖에 없으며, 경제인들의 수요는 이를 훨씬 초과함으로써 결과적으로 '부패적인 암거래'가 성행하기 마련이다. 여기서 특정기업과 행정관료와의 밀착은 필연적인 현상으로 나타났다(신동아, 1978. 9월호. p.110. ; 홍근영, 2004: 50에서 재인용).

### 2) 불평등한 경제적 측면

시민생활에 있어서의 광범위한 경제적 불평등은 이기심·자만 등을 야기시키게 되어 관료를 포함한 국가 전체의 체계적 혹은 제도적 부패로 전환된다고 보고 있다(홍근영, 2004: 51).

## 4. 사회 문화적 요인

### 1) 유교 문화적 측면

유교적인 규범문화는 우리 사회에서 오랫동안 지배적인 통치 이데올로기로서 확립되었다는 점은 공무원의 부정부패와 관련해 중요하다.

조선조의 신하가 왕에게 바치는 진상품이나 공물은 부패보다는 충성과 보은의식의 발로로 생각하였으며, 사회문화의 미풍약속이고, 상대방의 호의를 받아내는 기능을 인정했다.

이러한 선물을 주고받는 행위는 오늘날에도 예의라든가, 인사라는 형태로 남아서 상대방의 호감을 얻는다던가, 어떠한 관계를 유지하는 기능을 수행하고 있다. 이것이 오늘날에는 연말연시나 전통적 명절 혹은 관혼상제시의 '떡값', '용동', '세배 돈', 명목이나 '부조금' 등의 형태로 남아 있다(홍근영, 2004: 53).

### 2) 식민지 문화적 측면

식민지 문화가 잔재하고 있다는 것도 공무원 범죄 및 비리를 유발하는 원인이 된다. 식민지 시절 각종 이권과 관련하여 친일 자본가들이 관료들과 결탁하던 관행이나 노역·징집 등을 면하고자 뇌물을 사용하던 관행 등이 남아서 영향을 미치고 있다고도 볼 수 있다는 것이다.

### 3) 군사 문화적 측면

군의 민주화가 실제로 한국의 민주화에 가장 중요한 요소임에도 불구하고 군사문화는 군인들이 본질적 존재목적과 사명, 그리고 국민들의 기대가능성을 저버린 일탈행위로서 정치부패와 관료부패와 함께 이 땅의 민주화를 방해하는 암적인 역기능을 초래했던 것도 사실이다.

이 군사문화는 정치 행정문화의 하위개념적 의미임을 떠나서 제 3공화국 이후 한국의 정치·사회·문화와 혼용 혹은 상위개념인 영향력을 발휘하여 부패와 밀접한 관계를 갖게 되었다고 할 수 있다(김영종, 1996: 142 ; 홍근영, 2004: 57).

### 4) 국민의 부패의식적 측면

우리사회는 유교문화의 영향으로 의리주의·연고주의·정실주의 등이 국민들의 의식 속에 잠재되어 있다. 그로 인해 공무원이든, 아니든 간에 연말연시나 명절, 경조사 때 동 봉투가 전달되고 있다. 게다가 개인적인 친분이 있는 사람(심지어 자식들)에게 심부름을 시켜도 일정한 액수의 사례를 하는 것이 우리사회에 만연된 풍토이다(홍근영, 2004: 58).

## 5. 개인적 요인

### 1) 인간의 탐욕적 측면

부패의 원인은 끝없는 인간의 탐욕에서 기인된다. 부패의 행위자 요소에 관한 가장 기본적인 전제는 “인간은 만족을 할 줄 모르는 탐욕을 지니고 있다”는 것이다. 소득수준이 향상되어 인간의 기본욕구가 충족되어도 부패가 사라지지 않는 것은 결국 인간이 기본적으로 탐욕스러운 존재라는 것을 말해준다. 정치인이나 고위 공직자의 부패는 대부분 이러한 탐욕에서 그 원인을 찾을 수 있다. 따라서 공무원 개인의 탐욕과 일탈된 공직관이 공무원범죄는 물론, 부정부패를 유발시키는 하나의 원인이 된다(홍근영, 2004: 59).

### 2) 개인 사생활적 측면

가진 자 만큼 잘 사는 것처럼 행세하기 위해 가진 자나 못 가진 자 모두가 과소비 내지 모방소비하는 풍조가 확산되어 오늘에 이르고 있다. 많은 사람들이 집은 없어도 자가용 승용차는 있어야 하고, 수입이 변변치 못해도 가족들과 외식을 해야 하는 등의 풍조도 만연되어 있다.

또한 거의 일정한 보수로 생활을 영위하는 공직자가 가령 복잡한 이성관계로 자금이 필요한 상황이 발생한다든지, 또는 주변 사람들에게 채무보증을 서주거나, 부업으로 사업을 하다가 실패하거나, 증권투자 또는 각종 도박 등으로 가산을 탕진하였을 경우, 재산적 손실을 보충하기 위해 부정(뇌물수수)을 저지를 소지가 다분하다(홍근영, 2004: 63).

# 제 6 절 공무원 범죄에 대한 대응

## 1. 처벌의 강화

신상필벌(信賞必罰)의 기치를 바로 세우는 것이 우선일 것이다. 공직자의 비리나 범죄행위에 대한 처벌의 수위를 높이고 상시적이고 철저한 감시·감독 체제를 확립해야 한다. 단 한 번의 부패로 공직 인생이 끝날 수 있다는 두려움은 비리를 막는 기본 요인이라 할 수 있다. 또한 공직 부패와 관련하여 공직을 떠난 자들은 유관 타 기관에 재취업하는 데에도 불이익을 주는 등의 광범위한 조치를 모색하여야 한다.

## 2. 감시의 강화

특수한 국가기관에 의한 감시·감독도 의미가 있지만 공무원은 국민의 공복(公僕)이라는 점에서 사회의 감시·감독 여지를 확대하려는 노력이 절실하다. 행정의 공개, 투명성의 강화로 사회감시가 실질적으로 가능하도록 해야 한다.

## 3. 내부고발제도의 확산

국민이 알지 못하는 비리나 부패 관행은 공직 내부자의 신고를 이끌어내는 것이 거의 유일한 대안이 될 수 있다. 내부고발자를 '조직의 배신자'로 냉대하는 풍토가 개선돼야 하며 불이익을 막아주는 차원에서 그칠 것이 아니라 오히려 인사에서 이익을 주는 방법도 모색해야 한다.

## 4. 국민적 인식 개선

앞에서는 공직자의 비리를 욕하고, 뒤에서는 번거로움과 불이익의 두려움 등 핑계로 비리를 묵인하는 시민의식도 공직 부패의 공범이다. 공직자가 부패하는 것은 결국 국민을 두려워하지 않고 국민 다수가 이를 묵인하기 때문이다. 철저한 신고는 민주 시민의 기본적 의무이자 도리다.

## 5. 공직 윤리 교육 강화

작은 호의를 받아들이기 시작하는 것에서 큰 부패는 시작된다. 이해당사자가 제공하는 호의를 불쾌하지 않게 거절하는 요령을 익히고 습관화하는 것이 필요하다. 이러한 요령을 포함한 공직자 윤리 교육이 강화돼야 함은 기본이다.

공직자는 국가와 국민에게 봉사한다는 사명감으로 무장해야 한다. 조금이라도 깨끗하지 않은 일은 만들지도 말고 가까이하지도 말아야 한다.

# 제12장 정치범죄

## 제 1 절 정치범죄의 의미

정치범죄라는 표현은 정부의 기능을 약화시키고, 존속을 위협하는 불법적인 행위들을 지칭하기 위하여 사용된다. 정치범죄에는 물리적으로 폭력적인 행위와 그렇지 않은 행위들이 모두 포함된다. 심각성, 위험성의 정도와 관련하여서, 의살결정에의 방해, 반역, 간첩행위 등에서부터, 테러나 암살과 같은 실제 물리적 폭력행위까지 모두 포함될 수 있다(Siegel, 2010: 336).

정치적 범죄는 그 동기가 정치적이거나 정치적 지위와 권한을 이용하여 정치적 권위에 저항하거나 도전하는 행위라고 볼 수 있다. 그리고 이를 크게 나누어 정부에 의한 법률위반행위와 정부에 대한 범죄행위로 양분할 수도 있다. 이 두 가지 유형의 정치적 범죄는 상당한 차이가 있다. 먼저 권력 외부, 즉 주로 정부에 대한 범죄는 권력을 갖지 못한 사람에 의한 범죄로서 이들 정치적 범죄자는 제도의 변혁에 영향을 미치기 위한 노력에 있어서 상당한 장애와 방해를 직면하게 되는 반면, 권력 내부 또는 정부에 의한 범죄는 그러한 장애와 방해를 받지 않는다는 사실이다. 정부에 대한 권력 외부의 범죄는 자원의 한계가 있으며, 자신이 체포되리라는 것을 기대하며 행하는 불법적 시위 등이 있고, 이는 정치제도의 변화를 위해서 투쟁하는 것이 보편적인 현상이다(이윤호, 2007a: 131).

정치적 범죄는 그 동기가 정치적이거나 정치적 지위와 권한을 이용하여 정치적 권위에 저항하거나 도전하는 행위라고도 볼 수 있는데, 이를 크게 나누어 정부에 의한 범죄행위와 정부에 대한 범죄행위로 양분할 수 있다. 먼저 정부에 의한 범죄는 정부가 기본적인 제도적, 사회적 가치를 위반했을 때 가능한 것으로 이해되고 있다. 이와 같은 범죄는 대체로 정치권력에 대한 반대자나 테러리스트에 대한 정부의 과잉반응, 정치적 부패, 그리고 개인적 이득을 위한 공직자의 정치적 범죄 등이 있다. 반면에 정부에 대한 범죄는 대체로 정부에 대한 저항운동이나 테러행위가 그 대상이 되고 있다(김용준, 2011: 430)

이러한 정치적 범죄의 유형들로는 선거 부정, 반역 행위, 간첩행위, 정체 부패, 민간인 불법사찰, 인권 침해, 과잉 시민 진압, 정부와 기업간 부패 범죄, 고문 행위 등이 망라될 수 있을 것이다.

# 제 2 절 정치범죄의 목표

## 1. 위협

일부 정치범죄자들은 그들 스스로와 정치적 이해관계나 견해가 다른 자들을 위협·협박하기 위해 범죄를 행한다(Siegel, 2010: 336).

## 2. 혁명

일부 정치범죄자들은 현존하는 정부나 정치체제를 뒤엎고 자신들이 보기에 보다 합당한 것으로 여겨지는 정부를 세우기 위하여 음모를 꾸미기도 한다(Siegel, 2010: 336).

## 3. 이익

개인적 이익을 위하여 국가기밀을 파는 형태의 범죄도 있다. 무기나 군수물자를 불법적으로 빼돌려 이익을 얻고자 하는 경우도 있다(Siegel, 2010: 336).

## 4. 신념

봉사심·희생정신에서 정치범죄가 비롯될 수도 있다. 일부 정치범죄자들은 그들의 행위가 국가·사회 발전에 기여할 수 있다고 진실된 신념을 가지고 있으며, 사회의 발전을 위하여 자신의 불법행위와 그로 인한 처벌의 위험을 감수하기도 한다(Siegel, 2010: 336).

## 5. 가장된 신념

사실은 세속적이고 인습적인 이익을 추구하면서도 이를 마치 고귀한 희생과 확신에 찬 행동인 양 가장하는 경우도 있을 수 있다. 이러한 경우에는 동조·지지자들도 속아서 도움 행위를 할 수도 있기 때문에 특히 문제가 되고 위험할 수 있다(Siegel, 2010: 336).

## 제 3 절　정치적 범죄의 중화

첫 번째 방법은 현실이 어떻게 되었는지 또는 분명한 사실임에도 불구하고 어떠한 잘못이 행해졌는지조차 그 사실을 부정하는 것이다. 또한 때로는 특정 행위에 정부가 개입되었다는 사실은 시인하더라도 그것이 불법적인 범죄행위는 아니었다고 주장한다.

다음으로 범죄 자체를 무시하는 것으로서 만약 범죄가 공직자 개인에 의해서 사적으로 행해진 것이라면 언론과의 접촉을 차단하거나 아무런 대응도 하지 않는 등 범죄를 무시해 버리기도 한다. 그리고 이러한 개인적 범행에 대해서 정부가 어떠한 조치를 취하도록 요구받을 때는 정부의 개입을 요할 만한 충분한 사실이나 근거가 없다는 식으로 사건을 흐지부지하게 처리하려고 한다.

한편, 이러한 공직자 개인의 사적인 범행의 경우 때로는 자신의 범행을 폭로한 언론에 대해서 명예훼손 등의 명목으로 소송을 제기하거나 또는 위협하는 등 자신의 범죄를 비난하는 사람을 오히려 비난함으로써 자신의 범죄를 중화시키려하는 경우도 있다.

끝으로 지금까지 제시한 여러 가지 방법을 적용하기 곤란한 경우에는 어쩔 수 없이 자신의 잘못을 대충 인정하기로 한다. 그러나 그 행위는 국가안보 및 국가와 사회의 더 큰 목적을 위해서 부득이하게 범할 수밖에 없었다고 정당화한다(Thio, 1983: 447-449 ; 이윤호, 2007a: 135에서 재인용).

# 제13장 기업범죄

## 제 1 절 기업범죄의 의미

The American Dictionary of Criminal Justice(2001)에서는 '경제적으로 여유있고 권력을 가진 사람들이 그들의 전문성과 위치, 기회 등 특수한 사정을 활용하여 범하는 범죄'로 기업범죄(corporate crime)를 규정하고 있으며, 가격담합, 주가조작, 내부자 거래 등이 포함될 수 있다고 설명한다(Champion, 2001: 134).

Sage범죄학사전(2006)에서는 정부나 하위 국가기관들은 의도를 가지고 또는 책임있는 묵인이나 과실로 인하여 법규를 위반하여서 어떠한 불법적인 행위를 저지르기도 하며, 이러한 행위는 기업에 있어서도 유사하게 나타나는데, 기업은 이익을 증대하기 위하여 또는 조직의 문화적 이유 등으로 각종 불법을 저지른다고 설명하고 있다(McLaughlin & Muncie, 2006: 432).

# 제 2 절 기업범죄의 손실

## 1. 손실 유형[17)]

첫째로는 경제적 손실이다. 기업범죄로 인한 재정적 부담은 상대적이든 절대적이든 막대하다.

둘째로 신체적 손실이다. 기업범죄는 가난한 사람들이 자행하는 어떤 유형의 폭력범죄보다도 사람의 생명을 더 많이 앗아가고 더 큰 신체적 손상을 입힌다. 기업주의 욕심으로 노동자들이 다치거나 조기사망하게 될 수 있으며, 불량품으로 소비자들의 건강이 위협 받기도 한다. 특히, 식품이나 의약품, 의료기기 등과 관련하여 이러한 문제는 심각하다.

셋째는 사회적 손실이다. 사회의 도덕 구조에 타격을 가한다. 상업상의 신뢰를 떨어뜨리고 공정한 경쟁을 방해함으로써 비즈니스 세계에서 도덕적 기준을 타락시킨다. 또한 상류계급의 범죄는 하위계급으로 하여금 자신들이 저지른 범죄행위를 합리화할 수 있게 해주기도 한다.

## 2. 기업범죄의 피해자

기업범죄는 통상 기업활동에 부수되어 행하여지는 경우가 많고 그 실태를 파악하는 것이 곤란해 '적발할 수 없는 범죄'의 전형이 되어 왔다. 하지만 오늘날에는 기업범죄가 광범위하게 피해를 발생시키고 있음이 지적되었다. 구체적으로 기업범죄의 피해자로는 소비자와 노동자만이 아니라 일반시민이 포함된다. 이외 공공사업 입찰의 경우 담합에 가담하지 않은 기업이나 사업의 발주처인 중앙정부나 지방자치단체 등의 공공단체도 피해자가

17) 김형만 · 이동원 역. (2001). 「범죄학개론」. pp.251-253. 의 내용을 바탕으로 요약 · 재구성한 것임.

된다. 또 기업범죄의 피해는 재산상의 피해에 그치지 않고 생명과 신체에 대한 중대한 위험을 가져와 자유주의 시장경제 제도나  증권 제도에의 신뢰에도 치명적인 영향을 입힌다. 이처럼 기업범죄는 광범위하고 중대한 피해를 주기 때문에 최근 기업범죄의 중요성이 인정되어 기업에 대한 엄격한 처벌 법규의 적용 등을 포함한 적절한 대책이 모색될 필요가 있다(김상균, 2004: 309).

# 제 3 절 기업범죄의 원인

## 1. 기회 요인

시기적으로 기업범죄를 범하기 좋은, 또는 범할 수밖에 없는 기회가 조성되는 것이 영향을 미치기도 한다. 예컨대 경제위기 상황에서 도산의 위기에 빠진 기업은 생존을 위하여 범죄적 수단을 택하기도 하고 처벌의 위험을 감수하기도 한다. 국가가 특정 업체를 선정하여 예산 지원 등을 계획하는 경우에는 지원 대상 업체에 선발되기 위하여 불법적 역량을 동원하기도 한다. 각종 관급 공사의 수주·입찰에 직면하여서도 경쟁에서 이기기 위하여 불법적 역량이 동원되기 한다.

## 2. 자원 요인

기업은 한정된 여러 자원을 활용하여 기업 목표를 달성해야 하는 과제를 안고 있다. 즉, 수익도 창출해야 하고, 구성원들의 존속도 보장하여야 하는 등의 가치와 목표를 실현하여야 하는데, 수단이 되는 유·무형적 자원들(자금, 인력, 시설·설비, 시스템, 네트워크, 아이디어 등)은 한정적이다. 이러한 자원의 한계를 극복하고 쉽게 기업 목표를 달성하기 위하여 범죄를 범하기도 한다.

## 3. 압력 요인

기업은 무한 경쟁 시대를 맞고 있다. 국내의 기업 간의 경쟁에서 나아가 세계화·정보화와 더불어 전 세계의 기업들과 경쟁을 해야 한다. 소비자는 조금 더 싸고 좋은 제품을 쉽게 찾아 소비할 수 있으며(해외 패딩 점퍼 직접구매 열풍 등), 전 세계의 경쟁 업체는 더 싸고 좋은 제품을 끊임없이 생산·판매해내고 있다(인건비가 싼 중국 등에서 제조된 값싼 제품 등). 이러한 여건에서 존속과 발전을 위한 실적을 내기 위해서는 경쟁이 과열될 수 있고, 과열된 경쟁 과정에서 불법적 로비 등이 발생할 수 있다는 것이다.

# 제14장 매스미디어범죄

## 제 1 절 매스미디어범죄의 개념

매스미디어란, 특정 수용자를 대상으로 하지 않고 불특정의 모든 대상에게 대량의 정보를 전달하는 매체를 말한다. 매스 커뮤니케이션의 전달 매체인 신문·잡지·방송·영화·통신 등이 이에 해당되며, 우리말로는 대중매체(大衆媒體)라고 한다. 이들은 크게 시각적·청각적·시청각적인 것으로 나눌 수 있는데 시각적인 것에는 신문·잡지·무성영화 등이, 청각적인 것에는 라디오·음반 등이, 그리고 시청각적인 것에는 유성영화·TV 등이 있다. 또한 이들은 신문·잡지 등의 공간매체, 라디오 등의 시간매체, 유성영화나 TV등의 시공간매체로 분류할 수 있다. 이러한 매스 미디어는 대인커뮤니케이션 매체인 대화나 회의 또는 전화나 편지 등과는 다른 여러 가지 특성들을 지니고 있는데, 그 주요 장점으로는 많은 정보를 빠르게 전달할 수 있는 대량성과 신속성 등을 들 수 있고, 단점으로는 메시지의 전달방향이 대체로 일방적이라는 점, 수용자의 참여가 극히 제한되어 있다는 점, 피드백(feedback)이 간접적이고 지연적이라는 점 등을 들 수 있다. 따라서 이러한 단점을 극복하기 위해 근래에는 매스 미디어에 대인커뮤니케이션 미디어의 장점을 접합시킨 여러 가지 뉴 미디어(new media)들이 개발되고 있다(한국언론연구원, 1993).

여기서 '매스미디어 범죄'란 넓은 의미에서 매스미디어 관련 기관이나 그러한 업에 종사자는 사람들이 매스미디어의 본질적 목적을 위하여 수행하는 행위 도중 저지르게 되는 범죄 및 각종 일탈 행위 내지 사회병리적 문제 행위 등을 전부 포함하는 것으로 규정하여 설명하기로 한다.

# 제 2 절 매스미디어범죄의 유형

## 1. 왜곡보도

사실을 왜곡, 호도하여 보도하는 것은 중대한 범죄이다. 특히 뉴스 등을 통해 중요한 정보와 사실을 접하고, 그것을 진실된 것이라고 믿는 시청자들의 입장을 고려해보면, 진실을 왜곡하는 보도는 방송의 생명을 스스로 죽이는 심각한 행위라고 할 것이다.

## 2. 편파방송

공정하지 못한 매체활동 행위도 문제이다. 특정 정파 등의 입장이나 이해관계만을 대변하는 듯 하거나, 특정 이익집단 위주로 구성되는 보도 프로그램 등은 문제이다. 이러한 보도를 통해서 시청자나 구독자들은 선동되기도 하고, 무비판적으로 잘못된 견해에 오염될 수도 있다. 이러한 편파적 보도행위는 불법 집회, 시외 등으로 이어질 수도 있어서 특히 문제가 된다.

## 3. 데이터조작

최근은 방송이나 신문 등 각종 언론매체에서 여론조사를 직접 또는 위탁하여 시행하고 이를 일반에 알리는 경우가 많다. 가장 심각한 경우에는 조사 결과와 다르게 데이터를 조작하거나 왜곡하여 일반에 보도하는 경우도 가정해 볼 수 있겠지만, 이러한 경우보다 과학적인 기법을 외면한 채 설문의 내용 등을 특정 답변을 이끄는 데에 유리하게 구성하여 조사를 시행한 후, 마치 객관적이고 공정한 조사 결과로서의 여론인양 보도하는 것도 문제인데, 이러한 경향은 상당히 만연해 있는 것으로 보인다.

## 4. 표절

방송 기타 매체의 수는 급증해왔고 현재도 점차 증가하고 있는 반면에, 제한된 심의규정 하에서 창조해낼 수 있는 콘텐츠는 상대적으로 제한적이라고 할 수 있을 것이다. 그렇다보니 고의로 또는 실수로 외국이나 국내의 다른 매체의 콘텐츠·내용을 베끼게 되는 문제가 발생할 수가 있는데, 이는 매체 윤리에도 위배될 뿐 아니라, 범죄행위가 될 수도 있다.

## 5. 음란 및 폭력적 콘텐츠

방송 심의 규정을 위반한 음란·선정적이거나 폭력적인 콘텐츠들이 무분별하게 수요자들에게 공급되는 문제도 가정해볼 수 있다. 특히 시청 연령제한 제도를 운영한다고 해도, 실제 이런 것에 구애받는 아동이나 청소년은 매우 드물다는 점을 생각해보면, 매체가 시청자, 청취자, 독자들에게 건전한 콘텐츠를 제공하기 위한 노력은 매우 중요하다. 이러한 노력이 경시되면 청소년들의 비행, 일탈 행위에 대한 책임을 매스미디어도 공유할 수밖에 없을 것이다.

## 6. 인권 침해

매체의 목적, 이익을 위주로 활동이 전개되다보면, 의도된 또는 의도되지 않은 많은 인권 침해가 발생하게 되기도 한다. 방송에서 진범인 듯 매도되던 용의자가 종종 결백한 것으로 밝혀지기도 하며, 범죄의 피해자 측이 원치 않게 그 신원이 공개되기도 하는 등 개인정보 공개의 문제는 우려가 심각하다. 비보도를 전제로 인터뷰나 전화 녹취를 한 후, 보도를 하는 경우도 협조자에 대한 신뢰를 저버리는 행위에 속한다. 또한 노출을 원치 않았는데, 카메라에 찍히게 되는 제3자나 일반 개인 등의 신상 상 피해도, 그 피해의 경미성을 떠나서 고려하고 고민할 문제이다.

## 7. 이권개입

특정 기업이나 기관을 밀어주는 식의 매체 행위도 문제다. 광고 수주, 뒷돈 등을 통해 이익을 향유하며, 특정 기업이나 기관을 홍보해주는 방식의 취재·보도를 하는 것은 공정한 질서를 왜곡하고 일반시민의 잘못된 판단을 불러일으킬 수 있다. 언론이 대학을 평가하여 서열화하여 마치 그것이 객관적인 것인 양 발표하거나, 특정 기업의 신제품을 지나치게 홍보하는 듯한 보도를 하거나, 특정 지역이나 주거단지가 기업 활동이나 주거에 대단히 유리한 조건인 양 과장하는 등의 매체 행위는 수준이 심각할 경우 매스미디어 일탈로 간주될 수 있다. 작게는 맛집 소개 등도 소개되는 업소에는 행운이겠지만, 유사한 메뉴와 유사한 방식으로 영업하는 인근의 경쟁업소에게는 예측하지 못했던 피해를 발생시키는 날벼락 같은 일이 될 수도 있다.

## 8. 불확실한 사실의 전달

최근에도 특정인의 개인 비리 의혹들을 제대로 검증도 하지 않고 무차별적으로 보도하였다가 사실관계가 확인되지 않거나 보도가 잘못된 것으로 판명나는 사례가 종종 있어왔듯이, 제대로 된 확인절차를 거치지 않은 채, '일단 터트리고, 아니면 말고'식으로 언론활동을 하는 것은 상당히 문제가 있다. 언론사 간 경쟁, 시청률 등의 문제로 인해 이슈를 선점하고, 자극적인 내용을 보도하여 인기를 얻고자 하는 태도를 엿볼 수 있는데, 이러한 데에서 독점취재, 단독보도 실적의 유혹을 느끼게 되기도 할 것이다. 그렇지만 제대로 취재·확인하지 않은 보도로 인해 취재 내용이 잘못 사건화·이슈화가 되는 경우에는, 보도되는 억울한 개인뿐만 아니라, 그것을 진실로 믿고 허탈해하는 온 국민들까지, 또 떨어지는 언론의 신뢰까지 모두가 결국 피해자가 될 뿐이다.

# 제 3 절 매스미디어범죄의 원인

## 1. 방송의 권력화

견제받기 않는 방송의 무소불위적 권력이 방송을 스스로 일탈하게 할 수 있다. 모든 기관이 때로는 권력을 쥐고, 때로는 견제를 받는다. 군사정권 시절에는 군부가 힘을 가졌으며, 권위주의적 대통령이 통치할 때는 경호기관이 권력을 쥐기도 하였다. 남북 간의 대치 등이 이슈가 되고 국내의 안보 정세가 불안하면 정보기관이 많은 권한을 가지기도 했다. 또 검찰이나 세무 당국이 소위 권력기관으로 취급되기도 했다. 그러나 민주화 수준이 급진전되고, 국민에 의한 감시, 정보의 공개 등이 확대되면서 더 이상 특정한 기관이 권력을 독점하지 못한다. 군은 민간에 고위직을 개방하고, 군수사업은 별도 기관으로 분리될 정도로 개혁되었고, 경호실은 군, 경찰, 민간인 출신들 등으로 구성원이 다양화되면서 내부의 자정·경쟁이 긍정적으로 작용하였고, 학계 등의 감시가 강화되고 있다. 대학이 지성과 전문성의 산실로서 많은 정치인과 고위 관료를 배출해내는 등 우리사회의 인정을 받고 권위를 누리던 시절도 있었다.

정보기관은 마치 개혁의 대명사인 것처럼, 동네북인양 늘상 언론과 여론의 뭇매를 맞을 정도로 권위가 추락하여서, 이제는 권력기관이라 하기도 민망할 정도이다. 검찰은 거의 유일한 독점적 권한이었던 수사권마저 다른 국가기관과 나눌 처지에 놓여있으며, 새로이 들어서는 정권마다 검찰을 개혁의 대상으로 간주한다. 수장인 총장도 민간인 등이 참여하여 추천하도록 개혁되는 등 그 권위주의적 색채가 대단히 옅어졌다. 대학도 구조조정과 통폐합, 개혁의 대상으로 낙인되고, '부실'이니 하는 부정적 수식이 너무나 흔히 사용되어 이미 그 권위를 잃은 지 오래이다.

다만 언론만이 거의 유일하게 그 권력이 강화되고 있다고 보여진다. 특히 최근에는 언론과 포털사이트, 각종 SNS매체와의 연계로 사회활동을 하는 모든 일반 시민들이 늘상 언론의 영향 하에 놓여지며, 언론이 의도하는 바에 따라서, 여론은 쉽게 좌우될 수 있다. 언론의 편향적인 보도, 이를 부적절하게 배치하는 포털사이트, 무분별한 전파를 확산시키는 SNS 등이 연합적으로 작용하여 대중을 선동할 여지를 확대하고 있는 것이다.

## 2. 비판과 감시의 부재

위에서 살펴본 바와 같이 언론의 권력은 강해지고 있지만, 이렇다 할 감시와 통제의 기제는 잘 보이지 않는다. 기업은 혹시나 편파적인 보도로 기업 활동이 위축될까봐 겁을 먹고 광고를 대주고, 국가기관 간에도 좋은 여론의 성적표를 받기 위해 언론에 잘 보이려한다. 지각있는 일반 시민의 사려있는 비판만이 거의 유일한 비판과 감시, 통제의 수단이라 할 수 있는데, 군집이 곤란한 일반 개개인에게 이러한 비판과 감시 역량을 기대·요청하는 것은 매우 요원한 일이라 할 것이다. 이렇듯 견제가 부족한 이유로 언론의 여러 일탈이 발생할 수 있다.

## 3. 언론노조의 문제

우리나라의 유력 방송기관들은 대개 국가가 지분의 큰 부분을 가지고 영향력을 행사하고 있어서 그 공영성이 크다고 할 것이다. 그런데 이러한 실정이다 보니, 정권이라는 것은 주기적으로 바뀌고 임명된 대표자도 수시로 교체되어 그 영향력을 효과적으로 발휘·행사하기가 어렵기 마련이다. 이러한 힘의 공백을 언론노조가 장악하는 경우가 있는데, 이러한 노조가 사명감을 가지고 언론을 개혁하고 발전시켜 나가는 순기능도 담당할 것이나, 노조 스스로의 이익을 위한 행동을 하기도 하며, 이 과정에서 노조 이익에 부합하는 인사를 방송에 자주 출연시킨다든지, 노조의 이익에 부합하는 프로그램을 편성한다든지, 보도를 하는 병리적 현상이 발생하는 데에 대한 우려도 있다.

## 4. 인기영합의 문제

각종 매체는 생존과 발전을 위하여 본질적으로 인기에 의존한다. 시청률이 좋아야 광고 수익이 증가하고 제작 환경도 개선하는 등 선순환을 반복할 수 있기 때문이다. 그러니 쉽게 인기를 끌 수 있는 프로그램이나 콘텐츠의 유혹이 강하게 작용될 수밖에 없으며, 이러한 이유로 보다 음란하거나 선정적인, 또는 폭력적인 프로그램이 제작되게 된다. 그래서 흥미와 재미위주의 자극적 오락 프로그램이나, '아니면 말고'식의 자극적 보도 관행은 근절이 어려운 것이다.

## 5. 역량 부족

매체 관계자들의 자질과 역량 부족도 한 몫을 한다고 볼 수 있다. 매스미디어 관계자로 활동하기 위하여서 엄정한 자격 취득 절차를 거치는 것도 아니고, 전문 교육과정을 이수해야 하는 것도 아니며, 공식적인 해당 분야 학위가 요구되는 것도 아닌 등 실제 자질이 검증될 수 있는 기회나 절차가 별로 없다. 그런데 비해, 매체가 다루는 콘텐츠의 폭은 우리 사회와 이를 둘러싼 온갖 환경·조건들을 망라할 정도로 광범위하다. 전문적인 역량을 잘 갖추지 못한 관계자가, 지식 외 부분의 것을 취급하다보면 문제나 사고가 발생할 여지가 증가할 수밖에 없다.

## 6. 의식부족

또한 방송·언론매체 종사자로서의 사명감이나 도덕성 등 의식과 지각이 부족하다면 각종 일탈로 이어질 수 있다.

# 제 4 절 매스미디어범죄에 대한 대응

## 1. 방송 권력에 대한 규제 및 감시의 강화

위에서 살펴본 바와 같이, 방송의 권력은 강해지나 적절한 통제는 이루어지지 않는 문제가 있기 때문에 이의 개선을 위한 노력이 필요하다. 그런데, 방송과 언론을 감시·통제하고자 국가가 나서는 것은 언론의 자유나 국민의 알권리 등 또 다른 소중한 가치를 침해할 우려를 발생시키므로 적절한 방법이라 할 수 없을 것이다. 그러므로 미디어 비평 프로그램 등을 활성화하여 시민 참여를 유도한 미디어 기관 자체의 노력 강화 같은 것이 절실하다고 할 것이다. 시청 여건이 좋지 않은 토요일 점심 시간대 등에 소수 프로그램을 배치할 것이 아니라, 주요 프로그램으로 간주하여 확대·강화하여 편성·재배치할 필요가 있다.

언론사별로 '독자위원회'등을 구성하여 보도, 편집 기능을 견제하게 하는 것도 한 방편이 될 수 있으며, 민간 전문가와 일반 심니 대표자 등이 광범위하고 활발하게 참여할 수 있는 위원회제도 등의 검토가 고려될 수 있을 것이다.

직접적으로 국민의 선택이나 수권을 받지 않은 매체 권력에 대하여, 공식적이고 직접적으로 국민으로부터 권한을 위임받은 정치 지도자들이 좀 더 자신감을 가지고 견제의 노력을 기울일 필요도 있다. 언론과의 달콤한 동반자적 관계는 짧고 단편적이지만, 국민의 지지와 신뢰는 길고 중요한 문제라는 것을 상기해야 할 것이다.

## 2. 언론노조의 자정、개선

공정보도, 정론직필 등으로 신뢰받는 매체 문화를 구축하는 데 그간 언론 노조도 상당한 순기능을 하였으며, 사명감을 가지고 언론을 개혁하고 발전시켜 온 측면이 분명히 있다. 그러나 일부, 소수의 언론 노조 권력자들이 전횡을 하는 것은 우려스러운 일일 것이다. 이에 대해서도 국가가 개입하여 노조를 해산, 와해하는 탄압을 할 수는 없다. 매체 기관 스스로, 노조 스스로의 자정 노력을 기대해야 할 것이다. 개인 각각 스스로의 이익을 보호받기 위해서, 찬성·동의하지 않으면서도 노조활동에 지지·편승하는 일이 없어야 할 것이며, 노조 내부에서 상호 간에 자유로운 비판과 견제가 작용해야 할 것이다.

언론을 시민을 위하여 늘 깨어있는 것이 본연의 임무이지만, 시민도 지각을 가지고 언론이 잘 되도록 항상 깨어있어야 한다. 노조 권력자들의 안위와 특권을 위한 파업 등으로 국민의 알권리를 저해하는 등의 일탈에 대하여는 시민이 비판으로서 최종적으로 심판을 할 수밖에 없기 때문이다.

## 3. 인기영합의 문제

방송은 인기를 구할 수밖에 없는데, 이러한 자연스러운 현상을 법규로 새로인 강제적으로 규제하는 것도 부자연스러운 일일 것이다. 결국 선정·폭력 및 '카더라' 식의 자극에 유혹되지 않는 성숙한 시민의식의 확산만이 궁극적으로 지나치게 인기에 영합하는, 그래서 각종 문제 프로그램을 생산하는 방송 시스템이나 관행을 근본적으로 개선할 수 있을 것이다.

## 4. 매체 관계자 교육 및 의식 강화

매체 기관들은 소속 직원들의 전문적 자질이나 사명심, 공적 의식 강화를 위하여 많은 노력과 투자를 하여야 하며, 매체 관계자 개개인들도 스스로의 자질과 도덕성을 함양·발전시키기 위하여 부단히 노력하여야 한다.

# 참고문헌

## 1. 국내문헌

강동범. (2005). “한국 조직폭력범죄의 실태와 대책”. 「비교형사법연구」. 7(2): 303-322.

강맹진. (2011). 「현대사회의 범죄」. 서울: 대왕사.

강봉채. (2007). 「조직폭력범죄의 실태와 대응방안」. 경기대학교 석사학위논문.

경기지방경찰청. (2004). 「조직폭력배 수사요령」.

구본철. (2006). 「조직범죄의 실태와 형사법적 대책에 관한 연구」. 전북대학교 석사학위논문.

김기범. (2008). 「조직폭력범죄 수사역량 강화방안 연구」. 동국대학교 석사학위논문.

김상균. (2004). 「범죄학원론」. 양서원.

김영근. (2007). 「경찰의 조직폭력 대처방안에 관한 연구」. 원광대학교 석사학위논문.

김영철. (1995). 「국제조직범죄의 규제에 관한 법적 연구」. 경희대학교 박사학위논문.

김용준. (2011). 「형사정책학」. 서울: 백산출판사.

김용준. (2012). 「범죄학」. 서울: 백산출판사.

김은경. (2002). 「성착취 목적의 인신매매 현황과 법적 대응방안」. 한국형사정책연구원.

김우준. (2013). 「조직범죄론」. 인천: 진영사.

김정희·남기덕·박영호·송명자·송인섭·심응철·윤가현·윤영화·이철원·이현진. (2001). 「심리학의 이해」. 서울: 학지사.

김준호·노성호·이성식·곽대경·박정선·이동원·박철현. (2013). 「청소년비행론」. 서울: 청목출판사.

노인수. (1994). "소년조직 폭력배의 실태와 대처방안". 「강력검사연구논문집(Ⅳ)」. 대검찰청.

대검찰청. (2013). 「2012 마약류 범죄백서」.

도중진. (2004). 「조직범죄의 유형변화와 대처방안」. 한국형사정책연구원.

박성용. (2004). 「일진회 사건을 중심으로 한 청소년 범죄심리에 관한 연구」. 광운대학교 석사학위논문.

박영규. (2011). 「한국 교정의 새로운 패러다임」. 서울: 한국생산성본부.

박정문·최영선. (2000). "아내 학대에 관한 페미니스트적 사회사업의 사례연구". 「대덕대학논문」. 18: 321-332.

방성수. (2003). 「조폭의 계보」. 서울: 살림출판사.

백성일. (1990). "조직폭력의 실태와 대책". 「형사정책연구」. 1: 195-217.

세명대학교 산학협력단 / 건강증진사업지원단 (책임연구원 박성수 교수). (2009). 「마약류 등 유해약물의 사회적 손실연구」.

송태종. (2004). 「조직범죄에 관한 연구」. 호남대학교 박사학위논문.

송태종. (2008). 「조직범죄에 관한 연구 - 범죄론 및 형사사법적 대응책을 중심으로」. 경기: 한국학술정보.

신의기. (2004). 「조직범죄집단의 국제적 연계실태와 차단방안」. 한국형사정책연구원.

신의기. (2006). "논단 : 보험범죄의 조직범죄화와 대처방안". 「형사정책연구소식」. 한국형사정책연구원.

양태규. (2003). 「조직폭력범죄수사론」. 서울: 대왕사.

염장호. (2001). 「세계조직범죄론」. 서울: 오성출판사.

이상현. (2003). 「소년비행학」. 서울: 박영사.

이상현・장석헌・곽대경・이완희. (2012). 「범죄심리학」. 서울: 박영사.

이순래・곽대경・기광도・김상원・류준혁・박정선・박철현・연성진・이성식・최응렬. (2011). 「현대사회와 범죄」. 서울: 청목출판사.

이윤근. (2001). "한국조직폭력의 최근 동향과 형사사법적 대응". 「한국공안행정학회보」. 11(1): 259-290.

이윤호. (2006). 「경찰학」. 서울: 박영사.

이윤호. (2007a). 「범죄학」. 서울: 박영사.

이윤호. (2007b). 「피해자학」. 서울: 박영사.

이윤호. (2007c). 「교정학」. 서울: 박영사.

이윤호. (2008). 「현대사회와 범죄」. 서울: 다해.

이인영. (2003). "한국 조직범죄의 특성에 관한 고찰". 「비교형사법연구」. 5(2): 543-567.

이인혜. (2005). 현대인의 정신건강. 서울: 대왕사.

이존걸. (2003). "조직범죄에 대한 고찰". 「비교법학」. 3: 517-536.

임상곤. (2006). 「범죄심리학원론」. 서울: 백산출판사.

장인환. (2004). 「마약사범의 효율적 교정처우방안」. 경기대학교 석사학위논문.

전대양. (2002). 「현대사회와 범죄」. 서울: 형설출판사.

전대양・송병호. (2004). 「조직범죄론」. 서울: 형설출판사.

전돈수. (2005). 「범죄학개론」. 경기: 21세기사.

정신교. (2005). 「범죄학개론」. 서울: 형설출판사.

정지운. (2010). "경찰의 조직폭력범죄피해자를 위한 역할". 「경찰학논총」. 5(1): 5-24.

정지일. (2007). 「조직범죄 유형변화에 따른 대응책과 규제에 관한 연구」. 경희대학교 석사학위논문.

정진수. (1995). 「조직범죄의 실태와 대책에 관한 비교 연구 - 우리나라 조직폭력에 대한 대책의 모색」. 영남대학교 박사학위논문.

조병인 · 손창완. (2007). “폭력조직의 생존기반에 관한 연구”. 「형사정책연구」. 71: 1271-1317.

조병인 · 박광민 · 최응렬 · 김종오. (2010). 「국내거주 외국인의 조직범죄 실태와 대책연구」. 한국형사정책연구원.

조철옥. (2008). 「현대범죄학」. 서울: 대영문화사.

천정환 · 이동임. (2012). 「신범죄심리학」. 인천: 진영사.

탁희성 · 도중진. (2004). 「조직범죄관련 자금세탁범죄 대응의 문제점과 개선방안」. 한국형사정책연구원.

한국언론연구원(現 한국언론진흥재단). (1993). 「매스컴대사전」.

한인섭 (1991). “조직폭력 범죄의 법적 통제 및 조직폭력 범죄에 대한 교정 처우 모델에 관한 연구”. 「법무연수원 비상근연구위원 논문집」.

홍근영. (2004). 「공무원 범죄론」. 서울: 헤르메스.

## 2. 외국문헌

David Southwell. (2006). *The History of Organized Crime*. London: Carlton Books Ltd(추미란 역(2008), 「조폭연대기」. 서울: 이마고).

Dean J. Champion. (2001). *The American Dictionary of Criminal Justice*. Roxbury Publishing Company.

Edwin H. Stier , Peter R. Richards. (1987). "Strategic Decision Making in Organized Crime Control : The Need for a Broadened Perspective" in *Major Issues in Organized Crime Control(H. Edelhertz Eds.)*, National Institute of Justice, U.S. Department of Justice, U. S. Government Printing Office, Washington D.C.

Eugene McLaughlin , John Muncie. (2006). *The Sage Dictionary of Criminology*. SAGE Publications.

Eugene McLaughlin , Tim Newburn. (2010). *The SAGE Handbook of Criminological Theory*. Sage Publications.

Jerome J. Platt. (1995). *Heroin Addiction and Theory, Research and Treatment: The Addict, the Treatment Process and Social Control*. Krieser Publishing.

Joanne Belknap. (2007). *The Invisible Woman: Gender, Crime, and Justice (3rd)*. Wadsworth, a part of Cengage Learning(윤옥경 · 강은영 · 김지선 · 신연희 · 전영실 역(2009), 「여성범죄론 – 젠더, 범죄와 형사사법」. 서울: Cengage Learning Korea Ltd).

John Sanderson. *Criminology Textbook (6th)*. (김형만 · 이동원 역(2001), 「범죄학개론」. 서울: 청목출판사).

Jürgen storbeck. (1994). "Tendencies of Organised Crime in Europe" (이순래 역(1994), 형사정책연구 1994년 여름호. 한국형사정책연구원)

Larry J. Siegel. (2010). *Criminology : Theories, Patterns, and Typologies (Tenth Edition)*. Wadsworth, Cengage Learning.

Peter Giancola. (2003). "Constructive Thinking, Antisocial Behavior, and Drug Use in Adolescent Boys with and without a Family History of a Substance Use Disorder". *Personality and Individual Differences*. 35: 1,315-1331.

## 3. 기 타

금융감독원. 2005. 3. 4 보도자료 15면.

네이버 지식백과. http://terms.naver.com (2014.02 검색)

시사저널. (1996.05.30 보도).「국제 총기 밀매단, 한국에 눈독」.

시사저널. (2012.07.04 보도).「보이스피싱 '악마의 목소리' 뒤에 누가 있나」.

헤럴드경제. (2013.02.14 보도).「전직 '조폭형님들', 고깃집 사장 되는 이유는?」.

# 저자소개

## 김 우 준 교수

**학력)**

동국대학교 학사 · 석사 · 박사 (범죄학박사)

**前)**

동국대학교 경찰 · 범죄연구소 연구원

동양대 · 대덕대 · 국제대 등 강의

**現)**

세명대학교 경찰행정학과 교수

청주지방검찰청 제천지청 검찰시민위원

법무부 충주구치소 교정자문위원

법무부 충주구치소 정보공개심의위원

국민생활체육 서울특별시 씨름연합회 부회장

각종 국가고시 및 공인자격시험 출제 및 검토위원

한국경찰연구학회 총무이사

한국중독범죄학회 운영이사

한국공안행정학회 이사

한국경호경비학회 이사

한국치안행정학회 이사

한국범죄심리학회 이사

한국민간경비학회 이사

**수상 기타 경력)**

서울특별시장 유공 표창 (2013)

세명대학교 연구우수교수상 (2013) 등